点・線・面

隈研吾

岩波書店

はじめに

二〇世紀を総括し、批判しようと考えて、『負ける建築』(二〇〇四年)というテキストを書いた。二〇世紀は「勝つ建築」の時代であり、コンクリートという固く、強く、重たい素材を使って、環境に勝つことを目的として、「勝つ建築」が大量生産されてきた。それに代わるものとしての「負ける建築」を提案したのである。

負けなければならないことはわかったけれど、どう負けたらよいのだろうかという質問を、その後、やまほど受けた。

「負けなさい」と観念的に説教するのではなく、なるべく具体的に、現実に即して語ろうと思って書き始めたのだが、書き進めるうちに、二〇世紀のはるか前にさかのぼらなければ、「負ける方法」が姿を現わさないことが明らかになってきた。

作品の背後にある方法を探ると、初期ルネサンスの建築家、ブルネレスキやアルベルティが、勝つ方法と負ける方法のひとつの分水嶺であった。

単位が小さいということが、負ける方法の基本であった。しかし、小さいというだけでは充分ではないこともわかってきた。小ささのあり方にいろいろがあり、——点・線・面というあり方がまさにそうなのだが——石ころや細い棒や布きれなど、様々な小さな物達は、相互に埋め込み合い、相互にジャンプしながら、生き生きと「負けて」いたのである。量子力学以降の新しい物理学の助けを借りながら、そのように次元を埋め込み、ジャンプが起きるありさまを観察すると、時間という問題を抜きにしては、次元の転位が説明できないことがわかり、また、人間をその小さな物達と同一のレベルに降ろしてこなければならないことも、わかってきた。

建築が勝っていたというよりは、人間が物達の上位のレベルにいたことで、その人間が作り、使う建築が勝ってしまっていたのである。民主的な建築、社会に開かれた建築ということをずっと考えてきたが、民主的であることも、この方法を用いて語り、実現することができる予感を手に入れた。その方法については、これからいろいろと探索が進むと考えて、方法序説という呼び方もしてみた。

そのような思考を促したのは、僕が物理的に大きな建築を作らざるを得なかったという個人的な事情である。物理的には大きくても、あり方としては小さく、「負けている」と人々が感じられるような建築を作ることはできないだろうか。その方法を見出すことができれば、拡張し加速する世界の中でも、小さくてゆっくりとした物と共に生きていくことができるかもしれない。人間という小さく、弱く、はかない存在が、同じような物達を仲間とすることで、なんとか生き延びていけるかもしれない。
その状況、そのプレッシャーが僕の筆を後押しした。

二〇二〇年一月

隈 研吾

目次

装丁　原　研　哉

方法序説

二〇世紀はヴォリュームの時代

自分のやっていることを一言でまとめると、ヴォリュームの解体ということになるのではないかと、最近考えるようになった。ヴォリューム(量塊)を、点・線・面へと解体して、風通しをよくしたいのである。風通しをよくすることで、人と物を、人と環境を、人と人をつなぎ直したいのである。

そしてヴォリュームとは、コンクリート建築の属性でもあった。コンクリート建築は、無意識のうちにヴォリュームを指向し、ヴォリュームになりたがるのである。砂利と砂とセメントと水とを混ぜた、ドロドロとした液体を乾燥させ、固めたものがコンクリートなので、そもそも塊=ヴォリュームだからである。逆に、ひとつの塊(ヴォリューム)になることを拒否した、パラパラとした、さわやかな物のあり方が、点・線・面である。

「コンクリートから木へ」が生涯のテーマだと、僕はずっと考え続けてきた。二〇世紀とは要約すれば工業化社会であり、コンクリートの時代であった。工業化社会は、コンクリートという素材によって、実際に建設されたし、同時にコンクリートという物質によって表象される社会であった。

その後、僕らが生きているポスト工業化の社会は、木という素材によって、様々な物達が作られるべきであるし、木によって表象される社会になるであろう。

それは僕の予測であると同時に、熱望である。だからこそ、二〇二〇年の東京オリンピック、パラリンピックのために建設された国立競技場は、全国から木を集めて、小さな木のピースを、ひとつずつ手で組み上げるようにして作り上げた。

そして、木を使うなら、可能な限り、ヴォリュームとして閉じることを避け、木独特の、パラパラとした開放感を作り出したいと考えた。一〇・五センチの幅しかない、点のように小さく、あるいは線のように細い寸法の杉の板で国立競技場の外壁は覆われた。全体は大きいが、僕らの目の前にあるのは、小さな点や線である。

実際の工事現場に立ち会えばよくわかるのだが、コンクリートは大きな塊を作るのに適した素材である。型枠を作って、そこにドロドロのコンクリートを流し込みさえすれば、たちまちにして、閉じたヴォリュームが生成されるからである。鉄骨や木は、一種の細長い線材で、線と線の間に隙間ができてしまい、ヴォリュームを作り出すには、とても手間がかかる。線と線とをしっかりとつなぎ、その隙間をひとつずつ丁寧に埋めていかなければならない。

コンクリートを使ってインスタントに生成された大きくて頑丈なヴォリュームの中に、可能な限り多くの人間を詰め込むというのが、二〇世紀の基本的なライフスタイルであり、経済システムであった。さらに空調機という便利なものが二〇世紀に発明されて、ヴォリュームの中の空気の温度を簡単にコントロールすることが可能となり、空調された不自然な密閉空間の中の生活を、人々は幸福と錯覚した。

それ以前の時代には、ヴォリュームの外に色々な種類の幸福があった。たとえば、路地を歩きまわったり、縁側でゴロゴロするという幸せは、ヴォリュームの外だからこそ可能な、輝かしい体験であった。しかし、二〇世紀の人々は、ヴォリュームの外で起こる楽しいこと、気持ちいいことはすべて捨て、ヴォリュームの中に閉じこもって、それを幸せと思いこんだ。

二〇世紀というのは、ヴォリュームの拡大を至上目的とする時代であった。世界規模の戦争と、その後の人口爆発によって、大量の住宅が必要になった。都市の中心部にはオフィス・スペースも大量に必要になった。大きなヴォリュームの空間を、スピーディに建設することが、時代の要請であった。

そんな、慌ただしく、粗っぽい時代であった。企業は大きなオフィスを持つことを誇りとし、大きなヴォリュームの家を所有することが幸福であると定義された。その粗雑きわまりない時代には、ヴォリューム作りが得意で、しかも仕事の早いコンクリートという素材が、おあつらえ向きだったわけである。

さらに、建築が私有可能な売買の対象、すなわち商品となったことがヴォリュームの時代に拍車をかけた。まわりと曖昧につながっていて、どこからどこまでが売買の対象かがわかりにくいものは、価格計算が難しく、売買しづらい。霧や霞は売買しづらい。だから、はっきりと周辺から切断された、閉じたヴォリュームになっていることが、商品に必要な要件であった。

コンクリートには曖昧さがなく、建築を商品化し、私有を確定するためには、最適な素材であった。かくして、二〇世紀はコンクリートの時代となったわけである。

日本建築の線とミースの線

コンクリートが三次元ヴォリュームを作るのに向いているのに対して、日本の木造建築は線の建築である。すなわち一次元の建築である。森から伐り出しやすい長さ三—四メートル程度の線状(一次元)の木材を組み上げ、その間を土壁や障子や襖などの軽い建具で埋めて、透明でフレキシブルな空間を作ってきた。だから、コンクリートより何重にも手間がかかる。線と線の隙間を閉じるのが、大変だからである。実際のところ、日本の木造建築は、完全に閉じているとは言いがたく、線がパラパラと空中を漂っているだけともいえる。その方が風通しがよく、身体は快適に感じた。逆にコンクリートで作られたヴォリュームの中に閉じ込められることを、日本人は好まなかった。実際僕は、コンクリートの箱の中に入ると、息が詰まりそうになる。僕の身体がコンクリートを受け付けなかった。

一方、二〇世紀の建築デザインのリーダーであり、コンクリート建築のチャンピオンでもあるル・コルビュジエ(一八八七—一九六五)は、日本を訪れ、桂離宮を見せられた時に「線が多すぎる」とつぶやき、嫌悪感を示したと伝えられている。線と面のバランスが美しい桂離宮も、コンクリートの王者であり、ヴォリューム主義者であった彼の目には、煩雑なだけの建築と映

図1　ミース・ファン・デル・ローエ「フリードリッヒ通りの摩天楼案」1921年

った。

コルビュジエと並び称される、二〇世紀の建築のもう一人のチャンピオン、ミース・ファン・デル・ローエ（一八八六―一九六九）は、コルビュジエとは対照的に、線の建築家であった。金属製サッシという細い線と、ガラスという面とを組み合わせて、ガラス張りの超高層建築の原型を作ったのがミースである（図1）。繰り返しの多い単純な形態の超高層ビルを作るのなら、鉄骨やサッシという線と、ガラスや床板という面を、あらかじめ工場で用意し、それらを現場で組み立てた方が、現場でコンクリートを流し込んで作るよりもはるかに簡単である。コンクリートよりもスピーディに、大きなヴォリュームを獲得することができる。ミースはその事実にいち早く気がつき、線と面との美しいコンポジション（構成）をきわめて、二〇世紀建築のもう一人のチャンピオンとなった。実際に、超高層ビルは今でも、線と面の組み合わせで作られていて、ミースの発明をコピーし続けている。

しかしミースの作った空間も、僕にとってはあまり居心地がよくない。線を主役にしたにもかかわらず、空間を効率的に閉じることだけが優先されていて、日本の伝統建築に存在していたような、点・線・面が自由に浮遊する楽しさ、透け感が全く感じられないのである。ミースもまた、閉じることを至上命令とする、二〇世紀という時代の子であった。

僕は空調のよくきいたガラス張りの超高層ビルにいると、牢獄の中にいるように感じる。ガラスで作れば、透け感があるというものではない。二〇世紀後半をリードし、モ

図2　ヴィラ・マルコンテンタ，設計：パラディオ，1560年

ダニズム建築を建築史全体の中に位置づけようと試みた建築史家、コーリン・ロウ(一九二〇―九九)は、「実の透明性」と「虚の透明性」とを区別して、二〇世紀のガラス至上主義に警鐘を鳴らした。ガラスを使えば自動的に透明になるという単純、素朴な透明性の追究を、彼は「実の透明性」と呼んだ。ガラスを使わなくても、層状の空間構成によって、背後に存在する、実際には見えない空間を暗示する方法を、彼は「虚の透明性」と呼び、高く評価した。

ロウは「虚の透明性」の例として、ガラスが大量に使われるはるか以前の、イタリアのマニエリスム期の建築家、アンドレア・パラディオ(一五〇八―八〇)の建築について論じ(図2)、その奥行きを示唆する、洗練された知的な空間構成を賛美している。

しかし、「虚の透明性」ということでいえば、ガラスを一切使うことがなかった明治以前の日本の伝統木造建築に及ぶものはない。十二単のように何層にも重なった層状の空間構成、そして襖、障子などの可動建具の併用によって醸し出される透明感は、パラディオも遠く及ばない。

にもかかわらず、コーリン・ロウは、日本について言及しようとはしなかった。ロウは、コンクリートと鉄とガラスの時代を生きて、その制約の外側にある日本の伝統建築は、視界の中に入っていなかったのである。ロウほどのすぐれた歴史家でも、二〇世紀的な素材の制約の中でしか、建築を考えようとしなかったのである。

構成のカンディンスキーから肌理のギブソンへ

ではどうすれば、ヴォリュームの世紀から自由になることができるのだろうか。ヴォリュームの束縛から自由になり、物質と空間の自由な流れの中に、再び身を任すことができるのだろうか。そのヒントを手に入れるために、点・線・面の可能性を掘り下げて、ヴォリュームを分解する方法を探ろうと思った。

点・線・面と向かい合う前に、僕自身にとっても思い出の深い、カンディンスキー(一八六六―一九四四)の『点・線・面――抽象芸術の基礎』*を読み返した。二〇世紀初頭の、最も先端的で統合的デザイン教育機関であったバウハウスは、一九二二年に画家カンディンスキーを招き、指導的役割を期待した。アート、建築、デザインという縦割り教育が当たり前と思っている今日の目から見ると、バウハウスの教育方法は驚くほどに横断的であり、中でもカンディンスキーは、そのすべての領域を串刺しにしようという意気込みに溢れていた。『点・線・面』は、彼のバウハウスでの伝説的講義をまとめたものである。

僕は高校時代に『点・線・面』というタイトルに直感的に惹かれて、この本を手にとった。当時、絵画に特別に興味を惹かれていたのだが、絵画に関する科学的な議論、テキストがあまりに少なく、すべての絵画論が主観的でウェットであったことに不満を感じ、点・線・面というドライな数学的タイポロジーに吸い寄せられたのである。

読後感は必ずしも芳しくなかった。非常に興味深い部分と、退屈な部分が混在して、困惑した記憶がある。あらためて読み返し、何がおもしろくて、何がおもしろくなかったのかがはっきりとした。カンディンスキーの中の構成主義的思考が鼻についたのである。すなわち点・線・面という三要素を用いたコンポジションの分析が退屈であった。コンポジションの手法を列挙し、分類し、それぞれがどんな心理的効果をもたらすかの分析が延々と続くことに、辟易した。点と線をこのように構成すると冷たい印象をもたらし、逆にあのように組み合わせると暖かい印象を人々に与えるといった類いの、構成と心理的な効果の相関についての細かい分析が続くのだが、すべてどうでもいいことに思えた。構成がどうであろうと、すなわち右に置こうが左に置こうが、あるいは大きい物を置こうが小さい物を置こうが、心理的効果の差はほとんどないように感じられた。心理は、全く別の物で動かされていると感じた。

二〇世紀の初頭、形態と心理との関係の科学的分析がブームになり、現象学が生まれ、カンディンスキーが『点・線・面』の中で展開した構成主義的分析も、その流れの中にあった。その種の現象学は科学をめざしながら、具体的な方法を見出すことはできないままに下火となった。そして、ジェームズ・ギブソン（一九〇四―七九）によるアフォーダンス理論の登場によって、疑似心理学的議論は、すべて色あせて感じられるようになったのである。ギブソンの『視覚ワールドの知覚』*、『生態学的知覚システム――感性をとらえなおす』*は、現象学に引導を渡した。ギブソンは構成という概念を拒絶し、代わりに肌理（きめ）（テクスチュア）を問題にした。生物の心理、行動が、環境の構成によってではなく、環境の肌理によって決定されるということを、実証的に突き詰めていったのである。環境を点・線・面による「構成」と捉えずに、点・線・面が作る「肌理」として捉えることで、彼は、世界と生物、環境と心理との関係に深く、そして科学的に分け入ることができたのである。

ギブソンと粒子

ギブソンは、世界を三次元のヴォリュームから解放したといってもいい。世界は連続するヴォリュームではなく、無数の点や線の組み合わせが作る、肌理の集合体であると彼は再定義した。

彼にそれができたのは、ひとつには心理学者としてスタートしながら、心理学の曖昧性に飽き足らず、生物学へと踏み込み、生物の身体をベースにして、その環境認識の有様を把握しようと試みたからである。彼は生物の網膜の構造にまで立ち入ることで、肌理という曖昧なものを科学化した。

彼にとって、もうひとつの決定的な体験は、第二次世界大戦中、空軍に従軍し、パイロットの選抜と訓練に携わったことであった。三次元を高速で移動するパイロットの身体が、いかにして空間を、そして距離を認知するかを研究することによって、ギブソンは、身体と空間とをつなぐ、科学的な方程式を見出した。パイロットは世界の肌理を利用して、距離やスピードを測定していることをギブソンは発見したのである。

ギブソンはまず、人間がどのようにして、空間の奥行き、対象との距離を測定しているかに注目した。通常、左右の眼の視差を用いた立体視によって、人間は対象との距離を測定するとされてきた。しかし、高速で移動するパイロットは、立体視を使うことができない。人間は、空間に存在する点、線を用いて、空間の奥行きを測定し、自分の移動する速度を計り、対象との距離を測っていたのである。

それゆえ、空間に、点や線などの粒子が存在しないと、人間は不安になる。人間だけではなく、すべての生物が、粒子のない世界には棲むことができない。自分のまわりに粒子がないと、自分と世界とをつなぐことができないからである。生物には粒子が必要なのである。

環境とは、点・線・面の構成ではなく、点・線・面が作る肌理であると、僕が考えるに至ったきっかけは、ギブソンから与えられた。肌理という概念を教わったことで、点・線・面が、従来の構成主義的アプローチとは全く違った姿で、僕の前に姿を現わしたのである。

全く逆に、二〇世紀の初頭に登場したモダニズム建築は、粒子の価値を認めず、白い抽象的空間、ホワイト・キューブを指向した。しかし、そのような空間に放り込まれてしまったら、生物は生きていくことができない。実際には、モダニズム建築が追究した白い空間の中にも、家具、照明器具、小物などの様々な粒子がばらまかれていた。だから人間は、モダニズム建築の中でも、生きながらえることができたのである。

主知主義対ダダイスム

ギブソンに出会うことによって、アートにおける構成主義に対して、僕が抱いていた違和感の理由が解けた。

二〇世紀初頭、アートは二つの革命を体験したといわれる。ひとつは形態の革命であるキュビスムであり、もうひとつは色彩の革命であるフォーヴィスムであった。

二つの革命によって、過去のアートのすべてのルールは破壊され、アーティストは完全な自由を獲得したはずであった。しかしキュビスムの革命の後、その主導者であるピカソ(一八八一―一九七三)とブラック(一八八二―一九六三)は、具象にとどまり、抽象に向かわなかった。具体的な対象物を描くという制約を外した途端に、どのような混乱と不毛が訪れるかを、ピカソもブラックも察知していたからである。

すべての革命の直後に、構成という名の主知主義的傲慢が登場する。アートにおける革命でも、政治における革命でも、革命の勝者である新エリートは構成という名の主知主義的傲慢に陥る。新エリートは、メタ(上位)レベルに立つ特権的な主体による構成＝計画で、世界を支配しようとする。政治、経済において、主知主義は計画と呼ばれる。ソ連は計画経済の実験場であった。すなわち計画の混乱と不毛の実験場であった。

一方、構成や計画と呼ばれる「上からの」方法の不毛を察知して、ピカソやブラックは具象にとどまった。構成主義誕生と同時期に、アートの世界でダダイスムという運動が起きた。従来、ダダは第一次世界大戦によってもたらされた虚無的心情を根底とする、既成の常識に対する批判的、破壊的運動だと捉えられ、一種のニヒリスティックな芸術運動と見做されてきた。

しかし、その本質は反主知主義であり、反構成主義であった。特権的な主体が全体を俯瞰して、主知主義的に下位の部分を構成し計画する行為への批判として、ダダイスムは偶然性を重視した。偶然性の尊重とは、少しも破壊的ではなく、むしろ、自由に流れ続ける時間への敬意であった。ニヒリズムというよりはむしろ、地上的な視点に基づく、目前の物質と時間に対する誠実な対応であった。だから、ダダイスムは、日用品やクラフツマンシップ（職人の技能）に愛着を示し、アートに対して下位と見られがちな、ダンスや映像などの応用芸術に関心を示した。僕がカンディンスキーの『点・線・面』の半分を占める構成主義に対して違和感を覚え、同時代のダダイスムに共感を覚えるのは、ダダイスムの視点の、地上性と即物性に賛同するからである。

一方で、カンディンスキーを読み返すと、構成主義、主知主義を超える、新鮮な指摘も数多くあった。たとえば点・線・面という分類自体が相対的であり、決して絶対的な区分ではないという指摘である。点であると思っていたものが、ある時突然に、線や面として出現するという指摘であり、面であるはずのものが、別の瞬間には点として出現しうるという指摘である。

さらに建築、絵画、音楽という分類自体が流動的であると、カンディンスキーは指摘する。それらは相互に埋め込まれた関係にあり、芸術にジャンルは存在しないと、カンディンスキー

図３　カンディンスキー「コンポジションVIII」1923年

は宣言したのである。『点・線・面』の半分で、彼は従来の縦割りされた世界を自由に横断し、論は天を駆ける馬のごとく、領域を破壊する。

そして、領域破壊の聖地といわれた先端的教育機関バウハウスはダダイスムとも深い関連があった。

バウハウスで指導的役割を果たした建築家テオ・ファン・ドゥースブルフ(一八八三―一九三一)はダダイスムに深く関わり、「僕は新しい精神という毒をまき散らす」と機能主義の本山バウハウスには不似合いな、偽悪的ポーズを示した。バウハウスが一九一九年に産声をあげたドイツのヴァイマールは、ダダイスム運動がスイスのチューリッヒでスタートした後に本拠地とした、ダダイスムの中心地でもあり、そこでダダイスト達は、酒と無調音楽におぼれながら日々を過ごしたのである。ダダイスムの存在が近くにあったそのおかげで、バウハウスは領域を破壊する自由を獲得したともいえる。

運動としての時間から、物質としての時間へ

絵画は空間に関する芸術であり、音楽は時間に関する芸術だという思い込みは、全く通俗的な錯覚であり、どちらにも点(音符)・線・面というヴォキャブラリーを適用することで、そこから得られる経験を同列に科学的に分析できると、カンディンスキーは主張した(図３)。

音楽と建築の親近性を指摘したのは、カンディンスキーがはじめてではない。最も早い例は、

ドイツ観念論を代表する哲学者フリードリッヒ・シェリング（一七七五―一八五四）による「建築は空間における音楽」であるという定義であり、ゲーテ（一七四九―一八三二）は「建築は無言のサウンド・アートと呼んだらいい」とコメントして、サウンド・アートという意味深長な言葉を残した。

日本ではフェノロサ（一八五三―一九〇八）が、薬師寺東塔を「凍れる音楽」と評した。フェノロサは、日本美術をはじめて評価した西欧人の一人として知られるが、彼の父親はスペインの音楽家であり、フリゲート艦の船上ピアニストとして渡米しているので、フェノロサは音楽と近い場所にいた。しかし彼ら先人達の美しい言葉は、建築と音楽の親近性を指摘しているようでありながら、実は、音楽は時間とともに流れ、消え去るものであり、それに反して、建築は凍らされたもの、すなわち流れ去らぬように固定されたものであるとして、両者の対照性を強調してしまうように、僕には聞こえる。

一方、カンディンスキーは、建築は少しも固定されてはおらず、流動的、現象的存在であり、音楽と建築の間に基本的な差はないと考えた。芸術の諸領域を横断する点・線・面という共通概念の発見が、カンディンスキーによる領域破壊の引き金となった。点・線・面という道具は、そのようにして、様々な領域の壁を壊すために役立つのである。

カンディンスキーの領域破壊的分析はさらに、版画における修正という問題へと発展していく。修正とは、過去に作ったものを修すことである。すなわち時間軸上の加算行為である。カンディンスキーは修正という行為に焦点をあてることで、版画という平面芸術に対し、時間という要素を挿入することに成功した。時間は、四つ目の次元といわれるが、カンディンスキーは二次元の芸術とされる版画に対して、四次元、すなわち時間軸を重ねたのである。平面芸術の小部門であり、脇役であったはずの版画が、彼によって突然、時間の流れる大きな世界、宇宙の中へと解放されて、読者は驚愕する。

具体的には、時間軸を挿入することで、銅版、木版、石版(リトグラフ)の本質的違いを、カンディンスキーは明らかにした。

銅版画は基本的に修正不可能であり、木版画では修正は制約の中で可能であり、石版画においては、石に傷をつけずに、その上に塗られる水と油の反発を利用することで、修正は制約なく無限で自由であると、彼は物質(金属、木、石、水、油)と時間との関係性を記述した。実作者カンディンスキーだからこそ、物質と時間とを縫い合わせることができたのである。

多くの美術評論家は、できあがった「死んだ」作品を見て、その中の構成を論じたり、そこに描かれた「対象」や「時間」を論じる。たとえば、この絵の中には秋の夕暮れが描かれているというように。しかし実作者にとって、時間とはそこに描かれた対象ではなく、作品を創造すること自体が、時間に対する緊張感溢れる介入なのである。

言い換えれば、実作者は、創作という生のプロセスの中を生きる。カンディンスキーは実作者だからこそ、版画という小さな二次元の作品を使って、作者が、時間に対して様々に介入する様子を記述できたのである。彼らにとって版画は死んだ作品ではなく、作者と共に時間の中を生き続けるのである。

製作のプロセスに目を向けた途端に、時間という意外なものが召喚された。すなわち版画製作という現場に目を向けた途端に、物質というきわめて泥臭い地上的なものが、時間という形のない宇宙的なものと結びついたのである。銅版、木版、石版という三つのメディアは、金属、木、石という物質と深く関わっており、それぞれの物質は、それぞれ特別な手続きを経て、時間と関わっていくことが明かされる。

時間の中に物質があり、物質の中に時間があることをわれわれは知らされる。時間の中の物質、物質の中の時間というアイデアは、建築デザインに対して、従来存在しなかった画期的な視点を開くという手ごたえを僕は感じた。時間という概念が、今までとは全く別の形で、建築の世界に登場してくる予感があった。

足し算のデザインとしてのコンピュテーショナル・デザイン

カンディンスキーが版画の中に発見した重層的な時間概念は、ポスト工業化社会の、新しいデザイン手法、すなわちコンピューターを駆使したパラメトリック・デザインの本質を考える上でも、多くの示唆を与えてくれた。

一九九〇年以降、コンピューターがどのように建築のデザインを変え、人間と建築との関係を変えるかという議論が、建築界を賑わせ、建築理論の中心となった。新しい技術が、新しいデザインを生むことで、建築の歴史が一新されてきた。古代から現代に至るまで、新しい技術が、新しい建築を開いてきたのである。

二〇世紀のモダニズム建築は、鉄骨とコンクリートによる大スパン構造という新技術の産物であった。だとしたならば、コンピューター・テクノロジーはどんな建築デザインを生むのか。コンピュテーショナル・デザインをルネサンス以降の様々なデザイン手法と比較して、大胆な整理を行う建築史家、マリオ・カルポ(一九五八―)は、コンピュテーショナル・デザインによって、建築デザインが、引き算のデザインから、足し算のデザインへと劇的に転換したと看破した。『アルファベットそしてアルゴリズム 表記法による建築――ルネサンスからデジタル革命へ』*の中で、コンピュテーショナル・デザインは単に図面(ドローイング)の描き方を変えただけではなく、ドローイング(図面)とファブリケーション(施工・制作)の統合を促したと、カルポは指摘した。すなわち、かつては図面の制作と施工は分断されていたが、コンピューターによって、両者はひとつの連続した流れ、すなわち描き続け、作り続けるひとつのシームレスな流れへと転換したと、カルポは見抜いた。建築とは、いまや完結したひとつの作品ではなく、変更し続け、修正し続ける、不断のシステムへと変わり、それを彼は足し算のデザインと命名した。

石版画は永遠に修正可能であり、永遠に足し続けることが可能であるとカンディンスキーが

図4　グレッグ・リンのカーディフ・ベイ・オペラ・ハウス，コンペ案，1994年

指摘したように、カルポはコンピューターが、永遠の足し算を可能にしたと指摘するのである。いわばコンピューターが、建築を、修正のきかない銅版画から、永遠に続く修正システム、すなわち石と水と油との対話の産物としての石版画システムへと転換したのである。

カルポはアルベルティ（一四〇四―七二）以前、つまりルネサンス以前の建築は、同じように足し算であったと整理する。施主と親方と職人が共働して、建築というゆるい全体を作り続け、直し続けていたのである。そのゆるやかな世界に、革命的建築家アルベルティが登場し、建築の方法を抜本的に変えてしまった。初期ルネサンスを代表する建築家であり、建築理論家でもあったアルベルティは、引き算という新しい方法を導入し、竣工後の変更、修正を許さない「作者＝アーティスト」という絶対者を生み出した。

その転換によって建築が本来持っていた自由は失われ、建築とは、建築家という絶対者の描いた図面を実現するだけの、融通のきかない硬直したシステムになってしまったとカルポは指摘する。アルベルティ以降の長い不自由な歴史を、ついにコンピューターが打ち破ったというのが、カルポの説である。アルベルティ以前には、描く人と作る人（職人）は分断されず、もちろん対立もせず、ゆるやかに連続的に建築は作られ続け、変更され続けていた。その濃密な人と様々な物との対話、一体感が、コンピューターによるファブリケーションによって復活するだろうと、カルポは予言するのである。

さらにカルポは、コンピューターの建築への導入も、当初から、足し算をめざしていたわけ

図5　1938年に作られたファントム・コルセア

ではなかったと振り返る。一九九〇年代初め、建築デザインにコンピューターが導入され、パラメトリック・デザインという言葉が使われはじめた。コンピューターはただ、ぐにゃぐにゃとした、目新しい形態を創造するマシーンでしかなかった。九〇年代以前、その複雑な形態を描くには、恐ろしく手間がかかった。その「夢の形態」を実現するための、便利なドローイング・マシーンとして、コンピューターは導入されたのである。

その意味で、一九九〇年代前半の、奇をてらった形態を特徴とするコンピュテーショナル・デザイン（図4）は、三〇年代にアメリカで流行した流線形デザイン（図5）の九〇年代版のリバイバルであったとカルポは厳しく総括する。

一九九五年以降、ＩＴの領域において、ネットワークへの関心が高まるのと併行して、コンピュテーショナル・デザインは、第二フェイズに突入し、形態の新奇さから、ファブリケーション・プロセス（製作過程）へと関心が移行した。描くことと作ることとの境界の消滅、竣工後も変化し続ける建築へと関心が移った。その時代を、カルポはデジタル・デザインの第二期と呼ぶのである。

カルポの二段階説の背景にあるのは、建築史家レイナー・バンハム（一九二二—八八）による『第一機械時代の理論とデザイン』*（一九六〇年）という名著である。バンハムは一九世紀から二〇世紀までの人間と機械との関係を総括し、汽車、車などの第一世代の機械とラジオ・テレビ、家電などの第二世代の機械との間に、質的な差異があり、その差異が当時の建築デザインに対しても大きな影響を与えたと整理した。カルポはそこからヒントを得て、コンピューターという機械の時代にも、二相があることを見出したのである。

コンピュテーショナル・デザイン第二期、すなわち、足し算の時代が求める永遠の修正を可能にするためには、一度できたら硬く固まってしまって修正不可能なコンクリートは、全く適していなかった。コンクリートは建築デザインの中心的位置を失った。同時に、小さなピースのアグリゲーション(集積)によって作られる、粒子的な建築の追究が始まった。そしてその新しい波の中心人物の一人が僕であると、カルポは励ましてくれたのである。

コンピュテーショナル・デザインの本質は、形態の革命ではなく、時間の革命だったというカルポの指摘が興味深い。形態がすべてに優先するという考え方自体がアルベルティ的であり、近代の産物なのである。アルベルティはルネサンス最初の建築理論書と呼ばれる『建築論』(一四八五年)を著わし、このテキストはその後の建築界に大きな影響を与えた。デカルトの『方法序説』(一六三七年)が哲学の世界で果たしたのと同様な役割を担った。アルベルティは形態を時間から分離した。それは、時間と分かちがたくつながった施工(工事)という行為と、時間を無視しても成立する設計(計画)という行為の切断でもあり、施工の軽視であり、設計者(建築家)の絶対化でもあった。形態の世界だけの純粋な理論を組み立てた『建築論』は、その純粋性ゆえに、テキストとしての普遍性を獲得し、建築家は建築界の絶対者としての地位を獲得したのである。

しかし今、形態のデザイン論から、時間のデザイン論への転換が起こりつつある。時間という流れの中で建築家を相対化し、物質も人間もすべてが、時間の中を漂う粒子であるとする世界観にわれわれは回帰しつつある。その意味で本書は、ヴォリュームを解体する方法の探究であると同時に、建築家という存在を解体する方法の提案でもある。時間を軸としてアルベルティ以前への回帰をめざすカルポのデザイン理論は、すでにカンディンスキーの版画論によって先取りされていたともいえる。

ブルーノ・ラトゥールと写真銃

僕らの設計の方法が、加算的であるという議論は、フランスの人類学者、哲学者であるブルーノ・ラトゥール(一九四七―　)との間でも交わしたことがある。

ラトゥールは、ANT(アクター・ネットワーク・セオリー)と呼ばれる新しい世界観を提示したことで知られている。ラトゥールの上の世代のフーコー(一九二六―八四)、デリダ(一九三〇―二〇〇四)、ドゥルーズ(一九二五―九五)に代表される脱構築の哲学者達は、特権的主体(サブジェクト)の解体は試みた。しかし、依然として、人間中心主義という西洋哲学の基本型からは抜け出せなかったと、ラトゥールは脱構築の哲学を批判的に総括する。主体の特権性、独善性をいくら批判しても、フーコー達は人間しか見ていなかったというのである。

人間は様々な物と共に生きており、物達と協働して、世界を廻しているというのがラトゥー

図6　マレーが1882年頃に写真銃で捉えた飛翔するペリカン

ルの説である。その物達を彼はアクターと呼ぶ。人間と物の間に上下はなく、すべてが世界を廻すアクターだというのが、ANTの要点である。たとえば、われわれが道具という物を使って、材料という物を加工しようとする時、われわれと物とは上下関係にない。われわれが、物を使っているだけではなく、われわれ自身が物から教えられ、物から指示されてもいるのだということを、ラトゥールは指摘したのである。たとえば木を鋸で引く時、われわれは木にその堅さや粘性を教わりながら、鋸を動かしているのであり、人間は鋸も含めたそのネットワークの一員に過ぎないのである。

ラトゥールの弟子であるソフィー・ウダール(一九七一―　)が、ある日、僕の事務所を訪れ、僕が建築を設計するプロセスを研究したいと申し出たことをきっかけにして、ラトゥールとの交流が始まった。

ラトゥールは以前、建築家レム・コールハース(一九四四―　)の設計の方法について研究し、弟子のアルベナ・ヤネヴァと連名で、*Give me a gun and I will make all buildings move: an ANT's view of architecture*を著わした(二〇〇八年)*。ここでANTは、蟻(ant)との掛言葉になっている。巨視的、俯瞰的な視点ではなく、微視的、地上的な蟻の眼から、建築ができあがっていくプロセスを眺めるという趣向である。

脱構築世代の哲学者達は、建築は大きく、しかも固定されてしまった退屈な存在であると批判した。特権的主体によってデザインされた、巨大で動かしようのない建築というヴォリュームが、脱構築哲学の標的となった。しかしラトゥール達は、蟻の視点から建築を眺めれば、建築は少しも固定されていないと発見するのである。彼らはその蟻の眼を、フランスの生理学者、エティエンヌ＝ジュール・マレー（一八三〇―一九〇四）が発明した写真銃（図6）に喩えた。写真銃を用いれば、動いていると感じられたものが、止まってしまったように感じられる。蟻の眼は逆に、止まっていると感じられていた建築を、突如、動き続け、変わり続けるものとして、再発見するための道具だというのである。だからタイトルが *Give me a gun* すなわち写真銃とは逆の機能を持つ新しい銃をくれ、なのである。

ソフィー・ウダールは実際に、一年間に亘って僕らの事務所に通い、実際の設計のプロセスを蟻のようにして観察し続け、『小さなリズム――人類学者による「隈研吾」論』*という本にまとめた。僕の事務所の中で、模型、素材サンプル、CAD（コンピューター支援設計）、カッターなどの物達と、スタッフ、外部のエンジニア、協力事務所、施工会社の人間達が緊密なネットワークを作り、建築が設計され、施工され、竣工後も変わり続けていくさまを、ソフィーは蟻の眼からルポルタージュした。

僕らが作る建築が、少しも固定されてはいないこと、すなわち僕らの建築は、様々なものが加算され続ける場であり、小さな粒子が流れ続ける場であることを、ソフィーは発見してくれたのである。ラトゥールとソフィーの蟻の眼が、時間と建築との関係、人と物と建築との関係に、新しい視界を開いてくれた。

図7　サヴォア邸，設計：ル・コルビュジエ，1931年
図8　サヴォア邸の中心を貫通するスロープ

従来の建築論でも時間と空間の接続というテーマは魅力的であり、繰り返し議論されてきた。代表的なものは、カンディンスキーと同時期、二〇世紀モダニズムの誕生に立ち会った、スイスの建築史家、ジークフリート・ギーディオン（一八八八―一九六八）の『空間・時間・建築*』である。ギーディオンの著作は、モダニズム建築の聖書といわれるほどに、当時は高く評価された。二〇世紀初頭、空間と時間の統合は、文化、芸術領域におけるブームであり、流行であったから、ギーディオンは過大評価されたともいえる。

きっかけはアインシュタイン（一八七九―一九五五）であった。アインシュタインが物理学において、空間と時間の統合理論を完成させたのを受けて、絵画においては、異なる時間をひとつの平面の中に統合しようとする、キュビスムやシュールレアリスムが誕生した。建築において、コルビュジエは、代表作サヴォア邸（一九三一年）の中心部に立体的回遊空間を挿入して「建築的プロムナード」と呼び（図7・図8）、それこそが空間と時間の統合のモデルであると説明した。ギーディオンがそれをさらに誇張し、モダニズム建築が時間と空間とを接合したと、世界に喧伝したのである。

コルビュジエはわざわざサヴォア邸にアインシュタインを招いて自ら案内した。当時いかにアインシュタインが、科学界のみならず、アートの世界においても大きな影響力を有していた

図9　デュシャン「階段を降りる裸体，No. 2」1912年

かを感じられる、ほほえましいエピソードである。アインシュタイン、コルビュジエと同じくスイス人であったギーディオンは、モダニズム建築の背後に、アインシュタインの物理学が存在しているかのように、巧妙に論を組み立てた。しかし、ギーディオンのロジックは幼稚であった。移動のための装置――スロープや階段――をサヴォア邸のように、吹抜け空間の主役として強調すれば、空間と時間とが接合されたというロジックである。どこかで聞いたことがある議論である。運動する人や物を、ひとつの画面に重ねて描けば、時間と空間を接合したことになるとしたキュビスム絵画(図9)の議論を、ギーディオンは建築に応用しただけである。

この手の議論が二〇世紀初頭にもてはやされたということは、逆にいえば、当時の人々がいかに運動というものに熱狂していたかを教えてくれる。自動車、飛行機が登場し、体験したことのない速度で運動することに、人々も芸術家も圧倒されていた。時間とは物の運動のことであり、それ以外の時間のあり方、時間のあらわれ方について考えようという余裕は、全く存在しなかったのである。二〇世紀初頭の、この手の「運動＝時間」論と比較して、カンディンスキーの版画論の視点は独創的であり、その射程は自動車と飛行機に触発された浅薄な流行を超えて、今日にも充分届くのである。

運動から時間を解放する

カンディンスキーは一言でいえば、時間を運動から解放したのである。製作の現場における、物質と時間と作者との会話に耳を澄ました結果、思いもかけない形で、時間というものの姿が彼の前に立ち現われた。

カンディンスキーと同じようなことができたらという想いが、僕にもあった。様々な物質と会話し、物質がいかにして時間の中を流れ、時間がいかに物質に影響するかを見つめ続ける僕の日常の中から、新しい時間論を紡ぎ出すことはできないだろうか。

僕にとって、時間とは単なる運動ではなく、すべての物質の中に内蔵される存在であり、物質を通じて、宇宙と時間とは分かちがたく、つながっている。木や石といった具体的物質が、時間の関数として空間の中を漂うのである。それは、ささいな発見のようではあるが、長く宇宙的な射程を持つ大きな発見である。

一方コルビュジエには、物質と時間をつなげようという発想は全くなかった。コルビュジエにとって、物質とは、抽象的な白い箱を作るための裏方でしかなかった。運動を誘発する白い箱を生成すれば、その白い箱の中を、物体が運動法則に従って移動すると、コルビュジエは考えた。多くの同時代人と同じように、彼にとっては、運動こそが時間であった。サヴォア邸の中心を貫通するスロープは、運動を象徴的に見せるための、白い背景、白いガランドウでしかなかった。

サヴォア邸の背後にあるこの時間認識は、アインシュタインというよりは、そのはるか以前のアイザック・ニュートン(一六四二―一七二七)の時間認識であった。抽象的な空間の中を、物

図10　チャンディガールの州議事堂，設計：ル・コルビュジエ，1962年

体が運動法則に従って運動することをニュートンは発見し、世界を変えた。しかし、一七世紀の話である。そのニュートンを否定したアインシュタインのレベルに、コルビュジエもモダニズム建築も達していなかった。ましてアインシュタイン以降の、量子力学の世界になど、コルビュジエの想像力は及ぶべくもなかったのである。

しかし、コルビュジエの名誉のために、「初期のコルビュジエ」はニュートン力学のレベルにあったと、付け加えたい。サヴォア邸は初期コルビュジエの代表作である。一方、ラ・トゥーレット修道院(一九五九年)、ロンシャン礼拝堂(一九五五年)などの後期コルビュジエでは、もはや抽象的な白いガランドウはめざされていない。粗々しく不均一な肌理を持つ後期コルビュジエのコンクリートは、もはや背景ではない。語りかけ、それ自体が物質であることに目覚めた、覚醒した物質であり、風化し続け、腐り続ける物質、時間とともに生き、過去の時間、未来の時間をも内蔵した、深く豊かな物質である。

彼がそのような物質観を獲得した大きなきっかけは、インドとの出会いであったと僕は想像する。一九五一年からインドのチャンディガールの都市計画に携わり、インドの赤土の上で、コルビュジエは新しいコンクリート、新しい物質と出会うのである。少しも言うことを聞いてくれない不自由なコンクリート、ザラザラとして不均一で粗々しいコンクリート。彼が知らなかったコンクリートがそこにあった。インドで、インドの物質と出会ったことを通じて、彼もまた、物質の中に内蔵された時間を発見した(図10)。インドのコルビュジエは、僕が捜そうと

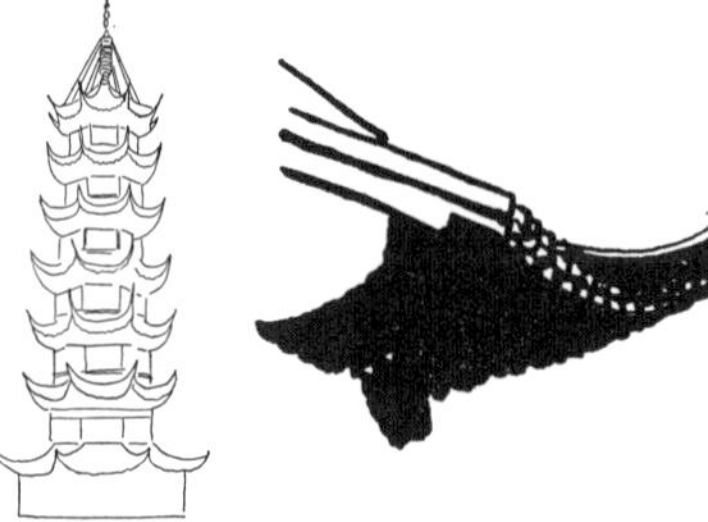
図11　杭州の霊隠寺山門
図12　上海の竜華塔，15世紀

している建築のあり方、建築と時間との関わり方に対して、大きなヒントを与えてくれたのである。

カンディンスキーによる次元の超越と埋め込み

コルビュジエがインドと出会うはるか以前に、カンディンスキーは時間と物質と空間の境界を取り払おうとした。それだけではなく、点・線・面・ヴォリュームというカテゴリーの境界も消し去ろうとした。彼は、点・線・面・ヴォリュームというチャプターに沿って世界を考察しながら、同時にその四つの分類自身の無効化を宣言しているのである。

僕にとって最も新鮮であったのは、ヴォリュームにしか見えていなかった中世ヨーロッパのゴシック建築が、実は点を指向する「点の建築」であるという指摘である。カンディンスキーいわく、ゴシックには短く簡潔な、ピンと響く音色が聴かれる。それは空間的形態が、建築を包んでいる大気の中に解消し、その響きを失ってゆく過渡的瞬間を表現している。

同様にして、中国独特の反りあがった屋根も、空中に消滅する寸前の点であると、カンディンスキーは指摘する(図11・図12)。なぜ中国建築が、あのような不自然ともいえる反りを指向するようになったのかという僕の長年の疑問に対し、カンディンスキーは見事に解答を与えてくれた。中国の屋根は、空中に融けようとして、どんどん反っていったのである。その意味で中国の屋根は、コルビュジエのピロティと同種の、浮遊願望を共有していたのである。

カンディンスキーの分析の先にあるのは、次元(一、二、三、四次元すなわち点・線・面・時間)という枠組みの否定である。次元という枠組みを用いて世界を理解しようとする、われわれの通俗的な思考方法の、完全な破壊である。

同様な破壊を、量子力学がすでに実践している。コルビュジエやギーディオンがアインシュタインとの伴走を試みたように、僕もまた、新しい物理学に目を向けてみた。するとそこには、世界理解のための、自由な道具が溢れていた。その道具と付き合うことで、ニュートン力学の世界認識をベースとするモダニズム建築に、風孔をあけることはできないだろうか。

量子力学の最大の難問のひとつが、三次元をはるかに超えた複数次元の存在である。日常の感覚をもってしては想像もできない複数次元の存在を仮定しないと、宇宙の様々な現象が説明できないと、量子力学は教える。たとえば、一〇次元を前提としないと、宇宙は説明できない。空間を定義する九次元に、時間という一次元をプラスした、計一〇次元で世界を定義しないと、宇宙の様々な現象の説明がつかないのである。通常の三次元空間の他に、六つの余剰次元が宇宙の中に埋め込まれているとは、一体どういうことなのか。われわれの日常的な知覚を超える九次元空間を、一体どう理解したらいいのだろうか。

素粒子論をリードする物理学者の大栗博司(一九六二―　)は、ホースとアリと鳥の喩えを用いて、次元の埋め込みをわかりやすく説明している。「庭に水をまくのに使うホースの上をアリが這い回っていると思ってください。アリにとって、ホースの表面は「縦」にも「横」にも行ける二次元空間です。しかし(中略)どこからか鳥が飛んできてホースの上に止まったとしたら、どうでしょうか。鳥の足はホースの太さよりも大きいので、縦方向にしか移動できません。(中略)つまり、アリにとっては二次元空間のホースが、鳥にとっては一次元空間にしか見えない。一次元のホースに縦に沿ってしか移動できない鳥には、横方向という「余剰次元」が感じられないのです」(『重力とは何か――アインシュタインから超弦理論へ、宇宙の謎に迫る』*)。

相対的な世界と有効理論

次元とは、このような形で自由に埋め込みが可能であることを、大栗は日常的な風景を用いて、見事に説明する。言い換えれば、主体(鳥)と客体(ホース)との距離、そのスケールの差によって、次元は相対的に変化するというのが、量子力学によって提示された、新しい次元観なのである。

そのような相対的世界観を、物理学は有効理論という語を用いて説明する。あらゆる理論は、一定のスケールを持つフレームの中においてのみ有効であり、すべての理論、法則は、一定のスケールの中でのみ成立する、限定的、相対的なものでしかないというその考え方を、量子力学以降の物理学は、有効理論と呼ぶ。われわれのまわりに、今でも普通に存在する、日常的なスケール、日常的なスピードの空間の中で、ニュートンの法則は依然として充分に機能する有効理論である。アインシュタインが登場し、あるいは量子力学が出現したからといって、ある限定されたスケールの中での、ニュートン力学の有効性が失われるわけではない。

量子力学は新しい世界観をもたらしただけではない。その量子力学的世界観さえ、ひとつの有効理論にすぎないという相対的世界観をもたらしたことこそが、量子力学後の物理学の最大の達成であると、僕は考える。

正確さを期すれば、有効理論とは、相対的にではなく、重層的に世界を把握するための理論である。相対的というと、ひとつの平面の上に、いくつかのシステムが並列的に横並びになっている印象を与える。現代物理学の有効理論の考えでは、複数の有効な理論が横並びになっているわけではなく、重層的に重なりあっている。その真意は世界の相対性ではなく、重層性なのである。

この「有効理論的」とも呼ぶべき相対的世界観は、僕ら建築家が扱う空間スケールの劇的拡大、多様化という今日的現象とも、見事に対応し、響きあっている。僕らもまた、「有効理論的」に世界を把握し、設計活動を行っているのである。極小粒子の世界の観察と、極大の宇宙の果ての観察が可能になったことで、物理学は質的に転換した。同じようなスケールの変換が建築の世界でも起こりつつある。極大と極小との併存するその新しい環境を解き明かす新しい理論的ツールを、僕はこの本の中で捜そうとしている。

一九世紀以前の建築家は、Mサイズの建築を相手として仕事をしていた。一九世紀以前、すなわち鉄骨とコンクリートが建築の主役となる以前には、作れる建築の大きさには限界があった。木造でも、あるいは石やレンガを積み上げる組積造(メーソンリー)を採用した場合でも、作れる建築物の大きさには限界があり、建築家は、その限界の内側にあるMサイズの建築物しか、作ることができなかった。建築とはMサイズの物体のことであり、Mサイズ以外の建築は、ありえなかった。

ここでSでなくMが最初にでてくるのには訳がある。Sとは小さな民家つまり、集落であり、「建築」以前である。民家には、建築家という特権的設計者は必要ない。建築がMサイズへと進化してはじめて、建築家が登場し、建築理論というものが登場する。ルネサンス以降、すなわちアルベルティ以降、建築が、絵画や、彫刻、音楽と並んで文化を構成する重要な領域と見做されることになるが、その時議論された建築はS建築ではなく、M建築であった。そもそもルネサンスの建築家達は、S=民家や集落を無視して、建築を考え始めた。

そしてMサイズの建築は、部屋と呼ばれるヴォイドの集合体であった。部屋をどう配列し、どう組み合わせるかを考え、その組み合わせた全体に、どのようなシルエットやスキンを与えるかが、建築デザインと呼ばれた。

Mサイズの建築とは、レム・コールハースが*S, M, L, XL**で提唱した概念である。この本

図13　ネクサスワールドのレム・コールハース棟，1991年

以前、不思議なことに、建築界で、スケールについての本格的な思索は皆無であった。なぜなら、建築とは、技術、経済的制約によって、Mサイズであることが大前提であり、LやXL（エクストラ・ラージ）の建築など、想定の外にあったからである。Sもまた、建築家達の視野の外にあった。レム・コールハースはその大前提が崩壊した後の建築のあり方を思考した、最初の建築家であった。発想の転換のきっかけは、日本、中国などでのアジア体験であったと、僕は想像する。

金融資本主義のXL建築

レムが出会った日本は、一九八〇年代のバブル時代の日本であった。彼はその特別な時代と場所に招かれ、当時のヨーロッパでは想像できないような、奇想天外なプロジェクトに携わったのである。突如到来した金融資本主義に翻弄されたバブル時代の日本は、当時の世界の常識を逸脱したスケールとスピードを有する経済を体験し、新しい経済に対する抵抗力のないままに、無数のナイーヴなドリーム・プロジェクトが立ち上げられた。レムは磯崎新（一九三一―　）がプロデューサーとして、イケイケのディベロッパーと世界の建築家をつないだ、福岡のネクサスワールド（図13）に呼ばれ、アジアという従来の常識が通用しない新しい場所で、M建築の時代が終わり、XLの建築が始まりつつあることを、実感したのである。

そもそもレムは、金融資本主義時代の新しい建築に関心があった。産業資本主義の建築のチャンピオンがル・コルビュジエであったとすれば、レムは金融資本主義の建築のチャンピオンをめざして、そのキャリアをスタートした。大恐慌(一九二九年)直前に計画された奇想天外の建築——エンパイア・ステート・ビル(一九三一年)、クライスラー・ビル(一九三〇年)、ダウンタウン・アスレチック・クラブ(一九三〇年)の中に、ポスト資本主義の建築のヒントを求めて、彼は『錯乱のニューヨーク』*を書き、華々しいデビューを飾った。金融資本主義に支配される現代という時代のヒントが、大恐慌直前のニューヨークにあることを、レムは発見したのである。

レムと共にロンドンのAAスクールで学んだ友人、ザハ・ハディッド(一九五〇—二〇一六)は、レムが立ち上げた設計事務所OMAの設立メンバーの一人であり、レムと同様に、大恐慌前の通称アール・デコ建築から多くのヒントを得て、最終的に、九〇年代以降の金融資本主義建築のディーヴァとなった。彼女は、東京の新国立競技場の第一回のコンペの入賞者でもあった。「あなたが、無人島に一冊の本を持っていくとしたら、何の本を持っていくか」というインタヴューでの質問に対して、ザハは『錯乱のニューヨーク』と答えた。その答えはザハとレムのつながり、そして二人と金融資本主義との関係を暗示している。

大恐慌直前の一九二〇年代のニューヨークで、金融資本主義が一瞬の花を咲かせた。レムが『錯乱のニューヨーク』の中で取り上げたアール・デコ建築というアダ花である。株価、不動産価格は高騰し、建築家は奇妙な形態と、奇想天外なプログラムを持つ巨大建築に酔いしれた。

その奇妙で美しい花は、一九二九年の金融大恐慌で、無残な形で飛び散り、堅実で勤勉な産業資本主義時代が到来したのである。その産業資本主義の建築のチャンピオンが、コンクリートのコルビュジエと、鉄骨造のミースだったというわけである。

レムは大恐慌直前のアダ花とも見える建築の中に、プラザ合意(一九八五年)以降の金融資本主義時代の建築のヒントが隠れていることを発見して、『錯乱のニューヨーク』を書いた。拡大し、巨大化した世界は、もはや産業資本主義というスタティックなシステムでは支えきることはできないと彼は予測して、一九二〇年代に目を向けたのである。経済のデジタル化とネットワーク化によって、金融資本主義はゾンビのようによみがえった。そのゾンビに身を委ねるしか、膨張した世界を支える途がないことを、レムやザハは予知していた。ゾンビとして復活した金融資本主義に最もフィットする建築スタイルを、彼らは発見し、その時代の寵児となった。バブル期の日本、そしてその後の中国、他のアジアの諸国の巨大でクレージーなプロジェクトが、レムにそれを気づかせ、*S, M, L, XL* を書かせ、彼らを二〇世紀末のスターの座にのぼらせたのである。

そして僕もまた、SからXLへと至る超階層的スケールを持つ膨張世界の行く末を考えざるを得なかった。しかし、レムのように悲観的に偽悪的に、その膨張世界の行く末を描くのではなく、量子力学的、有効理論的に解き明かそうと考えたのである。われわれが環境とともに生きるために必要なのは、主知主義的方法の破綻を、レムのように偽悪的に笑うことではない。

偽悪は不毛であり、現実逃避である。流れ続ける現実の物質と時間と共に流れる、柔軟なダダイスムが今こそ必要なのである。

建築の膨張と新しい物理学

ニュートンの物理学は、ルネサンス的なMサイズ建築から、産業革命的なLサイズ建築へのジャンプと併走した。歴史的に見ても、ニュートン物理学は産業革命の引き金となり、産業革命によって、Mサイズ建築からLサイズ建築への転換が引き起こされた。ロンドンの万博のために建設されたクリスタル・パレス（一八五一年、「点」図24参照）は、その転換を象徴する。Mサイズのものだけを建築だと考えていた当時の人々の眼に、クリスタル・パレスは建築には見えなかった。鉄の柱やガラスの枠などの工業部材をでたらめに寄せ集めてできたガランドウにしか見えなかった。コンクリートと鉄によって、小さな部屋の集合体でしかなかった建築の中に、柱がなく天井の高い大空間が出現し、建築は、建築家達の意志に反してMサイズからLサイズへと転換したのである。

ニュートンの物理学の基本は、ガランドウの抽象空間の中を、ニュートン方程式に従って物体や人間が運動することである。コンクリートと鉄が可能にした抽象的な大空間の中を、物や人が自由に運動する様子は、まさにニュートン物理学そのものであった。ラトゥールが提唱したANTの新しい地平から見返してみると、抽象的空間の中を、物や人が移動するというイメージは、西欧的な人間中心主義と、深く結びついているように感じられる。運動の単なる背景と見做されたガランドゥの抽象的空間を、ANTは、一種のフィクションであるとして批判した。物と人とはからみあい、影響を与えあいながら、運動方程式では解きようのない、複雑な網を作りあげており、その網こそが、世界の実態であると、ANTは教える。

コルビュジエが、運動を象徴化するためにデザインした、サヴォア邸の吹抜け空間、あの「建築的プロムナード」と名づけられた吹抜けは、素朴な、牧歌的なMサイズ建築であったと僕には感じられる。サヴォア邸の後、エレベーター、エスカレーターなどの二〇世紀初頭の新技術の普及によって、運動の器としてのヴォイドは巨大化し、ニュートン物理学が発見したヴォイド、ガランドゥは、世界に拡散し、環境を破壊したのである。

ルネサンス的M建築から産業資本主義のL建築への転換が、単にスケールだけの問題ではなかったように、産業資本主義のLから金融資本主義のXLへの転換も、スケールの転換である以上に、都市と生活の質的な大転換であった。

そこでは、まず、敷地という制約が撤廃された。複数の敷地をまたぎ、その間を横切っていた道路や鉄道さえも含んで、新しい巨大な敷地が生み出された。小さな土地、細い道路をも統合した六本木ヒルズや東京ミッドタウンのような大規模開発によってXL建築が出現し、XL生活がスタートしたのである。路地も垣根もすべて消え去った。

これは単に、敷地の面積が増えたという量的な転換だけを意味しない。敷地が複合されるということはまず、それを可能にするだけの、金融的な流動性が出現したということであり、また、それを可能にするだけの政治と経済の、複数の国家をまたぐ調整、結託が出現したということである。政治と経済が超領域的に結託しなくては、金融資本主義の不安定なシステムを、安全に運用することができなくなった。ポスト産業資本主義とは、まさにそのような流動性と結託の時代であった。

流動性によるスケールの超越が、アジアという「古い」場所で起こったことは、少しも偶然ではない。西欧が長い時間をかけて築き上げてきた民主主義的なシステムは、経済の流動性、政治と経済の結託にブレーキをかける。西欧的個人主義を尊重する限り、MからLへの転換が精いっぱいであったともいえる。アジアという古い場所に保存されてきた独裁的な全体主義の中ではじめて、Lは敷地を超え、既成のルールも法律もすべて超越して、XLへとジャンプできたのである。

このXL状況に対応する新しい物理学が量子力学であった。XLとは、ただの巨大さではなく、極小から極大までの無数のスケールの混在、そして重層を意味する。その重層こそがXLであった。西欧的民主主義、法治主義の下では決して出現しなかった混在と重層とが、アジア的全体主義の中で、はじめて地上に出現したのである。

アジアの参入によって出現したそのカオティックな状況は、ニュートン物理学では説明できないだけではなく、アインシュタインの物理学でも決して説明できない。アインシュタインは、空間と時間とはひとつのものであり、圧倒的スピードの中では空間も時間も伸び縮みすることを示した。そして、その時空の伸び縮みは、$E=mc^2$ という美しい方程式ですべて証明できることを、見事に示したのである。アインシュタインは空間・時間という枠組みを否定し、その二つの世界のボーダーを壊したが、その統合された新しい世界にも、依然として法則は存在するとした。法則があること自体を否定しようとはしなかった。その意味でアインシュタインは、充分に保守的であった。

しかし、現代の量子力学は、すべてを説明できる法則など、もはや存在しないことを明らかにした。極小、極大を観測することが可能になって、それらを統合する法則が存在しないことを、量子力学が僕らに突き付けたのである。それは物理学という学問自体の自己否定であったといってもいい。物理学とは、法則を探り、方程式を発見することが目的の学問であったからである。

アインシュタインは、その意味で、古典的な物理学の最終形であり、物理学に対する白鳥の歌でもあった。その逆に、量子力学は、法則に基づいて、何かを計算して予測するという科学的態度自体を否定した。物理学は、その学問自体の大前提を喪失し、量子力学以降のアナーキーな物理学は、アインシュタイン以前のあらゆる物理学と、決定的に訣別するのである。

進化論から重層論へ

ではその新しい物理学は、どのような新しい建築と併走するのだろうか。新しい建築は、どのようなヒントを、新しい物理学から受け取ることができるのだろうか。

新しい物理学の最も興味深い点は、進化論的な論理構造との訣別である。レム・コールハースの*S, M, L, XL*の論理構造は、基本的には進化論的であり、直線的である。小さな建築が次第に大きくなってM、Lと拡大し、さらにアジアの登場によってXLまでに爆発的に膨張し、世界は終末的、絶望的状況に陥ったという、進化論をベースとする悲観である。

それは世界の現状に対して批判的とも見えるが、新しいアジア的状況、その混乱、混沌に対する、ヨーロッパのエリートの嘆き節でもあった。レムの世代は、しばしばこのようにペシミスティックな論調で、現在の都市、建築を批判する。たとえば、磯崎新の都市論、建築論も、基本的には同じ悲観的トーンで語られる。すなわち世界は次第に拡大したあげくに、終末に向かって急降下していて、もはや救いはなく、一方自分だけが、状況を正確に理解している賢者であると持ち上げられる。この終末的状況に飲み込まれ、翻弄されるだけの巷の建築家達を、徹底的に見下すのが、彼らの語り口である。

人生の後半でXL状況と遭遇してしまった磯崎やレムの世代の建築家としては、この書きぶりでいいのかもしれないが、彼らが自分だけを被害者に仕立てあげてなぐさめ、救出したとしても、そもそもXL状況の中で建築家としてスタートをした僕らの世代には、なんの救いにもならない。まして僕は、レムがＸＬの元凶とするアジアに生まれ育っている。ＸＬを他人事のように突き放し、笑い飛ばすことなど、とてもできない。僕はアジアという現実を受け入れ、アジアに生まれた自分という現実を受け入れた上で、アジアを批判し、アジアの可能性と未来を考えようと思う。

僕が新しい物理学に興味を持つのは、その論理が小さい物から大きい物へと進化するという直線型、進化論型ではなく、大きい物の中にも、小ささを発見し、そして小さい物の中にも、大きさを発見しようとするからである。極小から極大までの重層性を許容する寛容性、極小から極大を自由に行き来するスピード感覚が、新しい物理学のベースとなっている。

小さい物はいつでもわれわれの近くにあり、いつでも近くに引き寄せることができ、直接触れることができる。世界は大きい物へと一方的に進化しているわけではなく、大きい物がより大きくなり、速い物がより速くなるほど、僕らは小さい物、ゆっくりした物に魅了され、引き寄せられてしまう。大きい物と小さい物との間で、僕らは振動し続けている。量子力学的な重層性は、高尚な学問の世界の中の出来事ではなく、僕らの日常感覚そのものなのである。

そして実際のところ、建築はどんどん大きくなっていく一方で、心あるデザイナーの関心は、小さい物へと向かっている。大きい物を効率的に作ることが二〇世紀の建築の目的であったとするならば、小さい物——建築の点・線・面——と人間の身体の間の対話、相互作用が、建築デザインとテクノロジーの中心課題となってきた。小さくて繊細な物達を使って、自由でやさしくてやわらかな空間を作り上げていくテクノロジーが、次々とめばえてきたのである。

僕が小さなパヴィリオン、家具やカーテンなどのプロダクトをデザインすることで試みているのは、まさに、この極小＝XSの復活である。

超弦理論と音楽的建築

それは、ルネサンスによるMの登場、建築家という特権的存在の登場以前の状態への回帰である。ラファエル（一四八三―一五二〇）以前の状態への回帰をめざしたヴィクトリア朝のラファエル前派、そしてその後継者たるウィリアム・モリス（一八三四―九六）らによるアーツ・アンド・クラフト運動の復活といってもいい。アーツ・アンド・クラフトはSへと戻ろうとしたが、ノスタルジーという罠にからめとられてしまった。Sにとどまらず、XS、XXSに分け入っていくことで、ノスタルジーとも訣別できるかもしれない。

この極小と極大とが重層する新しい量子力学的な環境を整理し、その環境の中で生き抜く途を探るのが本書の目標である。その際、大きなヒントを与えてくれたのが、超弦理論（super-string theory）であった。従来の素粒子論は、素粒子という小さな点が、宇宙の単位だと考えた。しかしクォーク、光子、電子、ニュートリノなどの様々な小さな素粒子が次々と発見され、もはや素粒子が宇宙の基本単位であるとは考えにくくなった。その困難を打開するために、すべての粒子はストリング（弦）だと考える超弦理論が生まれた。バイオリンの弦が、振動することによって様々な音を奏でるように、弦は時にクォークの音色を奏で、時にニュートリノの音色を奏でると、超弦理論は考える。超弦理論によって、世界は物質の集合体ではなく、弦が発する様々な音楽の集合体となった。建築もまた、音楽の集合体として、理解することはできないのだろうか。それはカンディンスキーによる、音楽と建築との統合の継承でもある。

すべてが振動であるとすることで、超弦理論は、点というものが宿命的に持つ困難を克服した。実のところ、点は様々な困難を抱えていた。点と点が近づきすぎると、引力は距離の二乗に反比例するという物理法則によって、点の相互に働く力が無限大になり、計算不能となって、物理学をはみ出してしまう。その困難が、弦により、音楽により、克服されるのである。S、XSと向かって、単純に小ささを追究していくと、点の困難に必ず突き当たってしまう。そこに振動とリズムという概念を導入することで、僕らは点というもののジレンマから解放される。

建築を点として定義しても、線として定義しても、すぐさま様々な難問に直面する。なぜなら点も線も、幅や厚みを持たないから、それをいくら足していっても、建築という物質の塊には到達できないからである。点と線の困難を回避して、建築をヴォリュームとして定義しようというのが、西欧建築の基本的な構えであった。二〇世紀ヨーロッパに登場したモダニズム建築も、建築をヴォリュームとして定義した点において、西欧建築の正統な嫡子であった。その結果、建築はコンクリートで作られた、退屈な三次元ヴォリュームへと退行して、量子力学的自由は失われてしまったのである。

しかし振動する弦という考えを導入すれば、点・線・面の差は振動の違いだけとなり、さらに激しく振動させることで、点・線・面は、いかようにも拡張することが可能となり、建築も都市も超えて、世界へと到達していくことができる。点・線・面を物質にも、そして空間へも、そして宇宙へも拡張していくことが可能となる。物質もまた点・線・面の振動であり、音色であり、リズムであると考えると、建築も、そして都市も全く違ったものに見えてくる。

ドゥルーズと物質の相対性

振動という概念を導入することによって、点・線・面を自由に横断することが可能となり、色、固さ、質感、重みさえも、振動の結果として説明することができる。カンディンスキーはもちろん超弦理論を知るわけもなく、振動という考え方も持ち合わせていなかった。しかし彼は音楽を深く知っていたので、直感的に、点・線・面をひとつの連続的な振動として、ひとつにつなぐことができたのである。

ジル・ドゥルーズの、固体と液体の相対性に関する論考は、カンディンスキーの延長線上にある。ドゥルーズは船と波の例をひいて、液体であったはずの水が、ある時は固体として出現すると指摘した。

「物体は、ある硬さの度合とともに、ある流動性の度合をもっている、あるいは物体は本質的に弾性をもつというべきなのだ。物体の弾性的な力は、物質に作用する能動的な圧縮力の表現だからである。船の速度によっては、波は大理石の壁のように硬くなる。絶対的な硬さという原子論者の仮説も、絶対的流動性というデカルトの仮説も、有限の物体という形態であったり、点の形態をとり無限であったりするにしても、分割可能な最小限を設定することによって同じ誤謬を共有するのだから、なおさらぴったり一致するのである」(『襞――ライプニッツとバロック[*]』)。

　ドゥルーズは、物質とは基本的に相対的なものであると認識していた。すでに見たように、相対的というよりは、重層的という言葉を使った方が適切だろう。SからXLへの世界の膨張が、実は世界の拡大ではなく重層化であったように、物質自体もまた重層化していることを、ドゥルーズは指摘した。物質は点でも線でも面でもヴォリュームでもなく、襞として捉えるべきであると、ドゥルーズは論を進める。そして襞とは、振動の別名に他ならない。

「これはまさにライプニッツが、驚異的な文章を書いて説明していることである。(中略)連続的なものの迷宮は、柔らかい砂が砂粒に分解されるように独立の点に分解される一つの線ではなく、むしろ一つの布あるいは紙切れであって、それは無限の襞に分割され、あるいは曲線的運動に分解され、そのおのおのは堅牢な、あるいは協調的な周囲によって限定されるのである。「連続的なものは、砂が粒に分割されるようにではなく、紙切れや衣が襞に分割されるように分割されるのである。このようにして物体は決して点や最小のものに分解されるのではなく、無限の襞が存在し、ある襞は他の襞よりさらに小さいのである。」(中略)迷宮の最小要素とは襞であり、決して一つの部分ではない点などではなく、線の単なる末端なのだ」（同上）。

ドゥルーズのこの物質観は、物質の最小単位は点ではなく、弦の振動だとする超弦理論を言い換えたものに見える。物質が相対的であることを突き詰めていく先に、弦や襞があらわれ、その音色として、物質が再定義される。点・線・面を突き詰めていけば、点・線・面の境が消え、物質とは点・線・面の集合ではなく、点・線・面の振動であり、響きであると再定義される。

ドゥルーズの物質論で注目すべきは、彼がバロック建築にインスピレーションを得て、このユニークな物質論を展開している点である。

バロック研究の定本ともいえるヴェルフリンの『ルネサンスとバロック――イタリアにおけるバロック様式の成立と本質に関する研究』*（一八八八年）をドゥルーズは引用し、最終的にはバロック建築こそ、無数の襞の集合体であるという結論に到達する。

カンディンスキーがゴシックに点を見出したように、ドゥルーズはバロックに線を見出し、線の振動を聞き出し、ヴォリュームであると思われてきた石の建築を、無数の線の集合体として再定義した。ヴォリュームを指向するはずの石という重たい物質が、その物理的制約に反して、点・線・面を奏ではじめるというバロックのジャンプが、ドゥルーズを触発した。

ではその先、いかにしたら、弦、襞の振動の秘密に立ち入っていけるのだろうか。いかにしたら、ゴシックでもバロックでもない、現代の音色を発見し、響かせることができるのだろうか。

僕はまず聞き耳をたてて、弦から発せられる音色に耳を澄ます。物質が奏でる音に耳を澄ます。弦を弾いてみては音を聴き、またそれを自分の身体の奥に折りたたむ。次にまた、そっと弦に触れて、鳴らしてみるのである。それを無限に繰り返すしかない。新しい音色の響く一瞬を求めて、それをただただ繰り返すだけである。音楽家とは、それを繰り返す忍耐力を持った人間の別名である。そして物質が響きであるとしたならば、建築家もまた、音楽家である。最も必要なことは、聞くことであり、聞き続けることである。すなわち、受動的であり忍耐を継続することである。

本書では、点・線・面という三つのカテゴリーに分けて、弦の振動を記述した。点・線・面と分類することが本書の目的なのではなく、むしろ全く逆に、それらがすべて振動であり、その現われであり、それゆえに決して点・線・面と切り分けることができないことを、明らかにしたいのである。

点

大きな世界と小さな石ころ

建築における点というと、まずは石ころを思いつく。そもそも大地の中で、石は巨大なヴォリューム、すなわち塊として存在した。石＝大地といってもいいくらいに、そのヴォリュームは大きくて重い。そのままでは人間の手には負えないので、石は切り刻まれる。人間によって切り出されることもあるし、自然の力によって砕かれて石ころになることもあるが、いずれの場合でも、石は点として、われわれの前に立ち現われる。点になってはじめて、人間という、やわで小さな存在でも石を扱うことができるようになる。石のことを考えはじめると、世界と人間との関係が見えてくる。世界がいかに大きく、人間がいかに小さく、弱く、頼りないかが見えてくる。

点という小さな存在になった石を、再び積み上げていく構造システムを組積造（メーソンリー）という。世界を小さく切り分けて、再び積み上げ組み合わせて大きくするという面倒なことを、人間は繰り返してきた。それが建築という行為の本質であった。組積造は、木造と対比される。古代ギリシャ・ローマ以来、西欧の建築の基本は組積造であった。アジアでは、木造が主流であった。

組積造は点を積み重ね、木造は線を組んでいくので、その意味で、二つの世界の方法は対照的に見えるかもしれない。しかし、実際には、古代ギリシャの建築もそもそも木造であった。ギリシャ人は森の木をすべて伐ってしまい、木材がとれなくなったので、それに代わって石による組積造が主流になった。

火山性の豊かな土壌の日本と異なり、ギリシャの土は痩せていて、森林を再生する力がなかったことが原因であった。しかし、木造であったことの痕跡は古代ギリシャ遺跡の様々なディテールに残されている。アジアの木造建築に特徴的な、線状の部材（垂木）で屋根を支える表現（図1）を、パルテノン神殿をはじめとする古代ギリシャ建築の中で発見することができる（図2）。細い断面形状を持つ石を使って、垂木の記憶、木造の記憶、森の記憶が巧みに再現されている。

ギリシャの神殿は、基本的に、垂直な柱が発する強いモニュメンタリティに依存していた。柱の列が作り出すリズムによって、建築の全体を統制しようと試みた。その意味でギリシャ建築とは柱の建築であり、垂直な線の建築であった。そして、柱というヴォキャブラリーが、そもそも木造建築に由来することは間違いない。森の木を伐ってくれば、そこに一本の柱ができるからである。一方、巨石を使って柱にすることは、巨石が頻繁に用いられた古代といえども容易ではなかった。

それゆえ、建築の原点は、森の木を伐り出して、柱を立てることだと、繰り返し唱えられてきた。「原初の小屋」と名づけられたイエズス会神父ロジエの絵（図3）は、現在でもしばしば、

図 1　山西省の仏光寺大殿，857 年

図 2　パルテノン神殿，前 438 年

図 3　ロジエ「原初の小屋」，『建築試論』の扉絵，1755 年

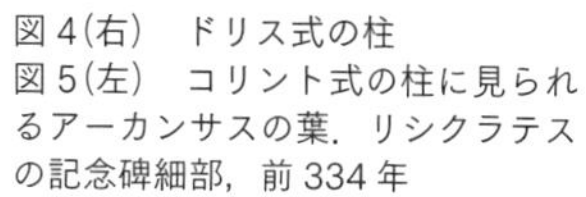

図 4（右）　ドリス式の柱
図 5（左）　コリント式の柱に見られるアーカンサスの葉．リシクラテスの記念碑細部，前 334 年

図 6　ピラスター．コロセウム，79 年

図7　バルセロナ・パヴィリオン，設計：ミース・ファン・デル・ローエ，1929年
図8　線が作り出すリズム

建築の教科書の巻頭を飾る。森の木はどうやら、人間にとって特別な存在だったのである。人間という生物がそもそも森の中で誕生し、森に依存して生活していたからかもしれない。古代ギリシャ建築は五つのオーダー（柱）を基本ヴォキャブラリーとしているが、そのひとつであるドリス式の柱（図4）には、樹皮を思わせる細い溝が切られているし、コリント式の柱の頂部には、なんとアーカンサスの葉が彫られているのである（図5）。ギリシャ建築とは、森の再現そのものであった。

ギリシャからローマへの転換

そのように近寄って細部を眺めると、石という点の集合体と見える古代ギリシャ建築も、線に依存する建築であったことがわかる。点と線の境界は曖昧であり、相互が埋め込みあう関係にある。線と点との間を揺れ動く、この繊細な古代ギリシャ建築が、それを引き継いだ古代ローマになると、ヴォリュームの建築へと変身してしまう。ローマの社会、経済が、大きなヴォリュームを必要としたからである。小さな都市国家群であった古代ギリシャと、世界帝国となった古代ローマとでは、必要とするヴォリュームが、桁違いだったのである。古代ローマはギリシャから多くのことを学び、そのスタイルを継承したが、ローマ人は柱よりは壁の表現を主流とし、その巨大でマッシヴな壁に、リズムを作り、振動を発生させるために、ピラスターと呼ばれる付け柱を、申し訳程度に壁の表面に取り付けた(図6)。

点の集合としてのシーグラム・ビル

二〇世紀にも、古代ローマと同じことが起こった。ヨーロッパという「小さな場所」からスタートしたモダニズム建築は、ギリシャの神殿と同じように、線を大事にし(図7・図8)、柱という線が作るリズムで、建築という全体をまとめあげようとした。

しかし第一次世界大戦後、経済の中心がヨーロッパからアメリカへと移動するのと併行して、ヴォリュームの拡大が社会の目標となり、建築デザインのテーマとなっていった。ヨーロッパは古代ギリシャと同じような「小さい場所」であり、アメリカは古代ローマと同じように「大きな場所」であった。

場所が移動することで、デザインも変化した。二〇世紀は、古代史を繰り返した。古代ローマの付け柱のように、ミース・ファン・デル・ローエは巨大ヴォリュームに付け柱を施して、大きくなりすぎた建築になんとかリズムを与え、統制しようとした(図9・図10)。ミース自身がヨーロッパからアメリカへと活動拠点を移したが(一九三八年)、彼の移住は、建築表現の中心地が、ヨーロッパからアメリカへと移ったことを象徴する。ミースはこの移動の意味と本質を正確に理解し、アメリカという「大きな場所」へ自分のデザインを適応

図9　シーグラム・ビル，設計：ミース・ファン・デル・ローエ，1958年
図10　シーグラム・ビルの石に付け柱を足したディテール

図11　石と石との間の目地
図12　粗い石の表面

させて、付け柱を発明したのである。

ミースのシーグラム・ビル(一九五八年)は、超高層建築の傑作といわれたが、建築史家のレイナー・バンハムは、シーグラム・ビルは組積造の現代化に成功したがゆえに、モダニズムの傑作になったと見抜いた。組積造では、積む単位となる石のひとつひとつが、はっきりと認識できる。そしてその単位(点)は、人間の身体が取り扱うことのできるサイズを、超えることができない。すなわち、人間の身体が、組積造の単位となる点の大きさを規定している。点のインティメート(親密)なスケールが、組積造建築を人間にとって親しみやすいものとしている。同じように、シーグラム・ビルのガラス・カーテン・ウォールはブロンズ製のフレームによって、小さな点へと分割されている。ガラスのない石の壁面にミースが貼り付けたブロンズのフレームは、単なる付け柱ではなく、ビル全体を、小さな点の集合体とする手段であることを、バンハムは見抜いた。石職人の子どもとして生まれたミースは、超高層ビルを、組積造の手法を用いて、ヒューマンな点の集合体へと変質させたというのが、バンハムの説である。バンハムのシーグラム論がきっかけとなって、僕は点について考えはじめた。

ミースが行ったような工夫は、古代にも多く見出すことができる。組積造の場合、点と点が充分に密着しなくては建物を支えることができないので、隙間なく積み上げていった結果、全体は重たいヴォリュームとして出現してしまう。点を基本単位としているにもかかわらず、で

図 13　石の美術館，2000 年

きあがったものからは、点の軽やかさが感じられなくなってしまう。その危険を避けるため、古代ギリシャでもローマでも、石と石の間の目地をV型にカットして、石と石との間に大きな影を作ったり(図11)、石の表面を粗く仕上げることで(図12)、ひとつひとつの石を独立した点として感じさせようという工夫が行われた。ミースには、多くの先達がいたのである。ミースはさすがに石職人の子どもであり、西欧建築の嫡子であった。

石の美術館の点への挑戦

石は本質的には点であるにもかかわらず、つながりやすく、ヴォリュームになりやすい、やっかいな素材である。その困難な素材にはじめて直面することになったのが、芦野石の石切場を持つ白井石材と一緒に作った、石の美術館(二〇〇〇年)(図13)である。石をテーマにするミュージアムなので、どうしてもこの土地の石である芦野石を使って欲しいと、強く要望された。石はヴォリュームという陥穽に落ち込みやすい危険な素材なので、それまでの僕はずっと石を避けてきた。

コンクリートの上に薄い石を貼るという、今日の最も一般的な方法は絶対に避けたかった。コンクリートの上に、何らかのテクスチュアを持つ薄い仕上げ材を貼り付けて、表面だけを取り繕う方法が、巨大なヴォリューム作りを至上命令としていた二〇世紀を支配した。薄い石を貼り付けさえすれば、建築が豪華に見えるとか、マンションが高く売れるという理由で、石は

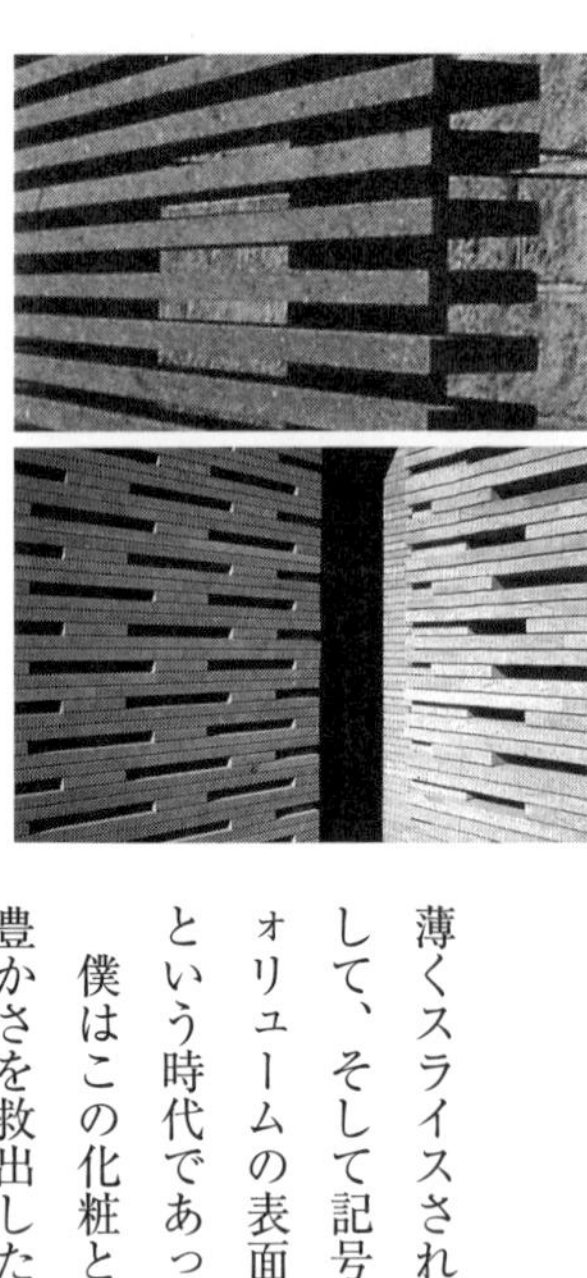

図14　石をルーバー（線）として扱う
図15　石を抜きとったポーラスな組積造

薄くスライスされ、大量の薄い石が消費された。木もまた、そのように化粧として、そして記号として用いられた。木も石も含めてすべての自然素材が、ヴォリュームの表面のコスメティック（お化粧）に堕ちてしまったのが、二〇世紀という時代であった。

僕はこの化粧と記号に支配された貧しい状況から、なんとか石という物質の豊かさを救出したいと考えた。なにしろ石の中には地球の歴史と同じだけの長い時間が埋蔵され、地球を小さく分割して、再び積み上げるという、長い格闘の歴史が刻まれているのだから。

石の美術館では二つの方法に辿り着いた。ひとつは石をルーバー（線）として扱う方法である（図14）。線を用いることによって、ヴォリュームから石を救い出そうとしたわけである。この場合、ルーバーを固定するために、線状の鉄骨の下地（サポート）が必要になるので、結果として縦糸と横糸という二つの線を織り上げたような構成となる。

もうひとつの新しい方法は、石を積み上げながら、しかも石をヴォリュームから救出する工法である。そのために僕らは、隙間をあけながら石を積んだ。隙間の量を増やすことによって、なんとか石を点へと返すことに挑戦したわけである。隙間だらけでも、地震には耐えなければならない。ポーラスな（隙間だらけの）組積造（図15）などというものは、そもそも組積造といえるのだろうか。そんな禅問答を繰り返しながら、僕は少しずつ点というものに近づいていった。

図16　ファンズワース邸，設計：ミース・ファン・デル・ローエ，1951年

「石を三分の一ぐらいなら抜きとっても、石は構造壁として地震に耐える」と、構造家の、中田捷夫(かつお)先生からアドバイスをもらった。三分の一というのは、計算で出した数値ではなく、直感だと中田先生は言った。エンジニアとは思えない非科学的なコメントではあったが、すがる思いでその三分の一という数字をもとに、石を抜きとるスタディを始めた。日本の建築基準法の組積造の項をよく読み返してみると、組積造の規定自体が曖昧であることに驚かされた。壁の長さと厚みの目安が決めてあるだけで、根拠ははっきりしない。その基準でやってきて、今まで壊れなかったから大丈夫だろうという、経験主義的な曖昧な基準しかないのである。

点からヴォリュームへのジャンプ

それは、日本の建築基準法に限った曖昧さではなかった。組積造の建築が、どう地震に耐えているかは、計算によって確認されているわけではなく、経験に依存していたのである。点という小さな物を積みあげ大きなヴォリュームが生まれるということ自体が、いまだに経験に頼らざるを得ないほどに、神秘的な行為だからである。小さな点が、大きなヴォリュームになるためには、魔術的なジャンプが必要なのである。二一世紀でも、人は魔術に頼って点を取り扱っている。

一方、柱や梁のようなフレームでできた建築構造は、計算がたやすい。線は計算可能なのである。だから二〇世紀には、フレーム(線)の建築が主流となった(図16)。フレームならば、二

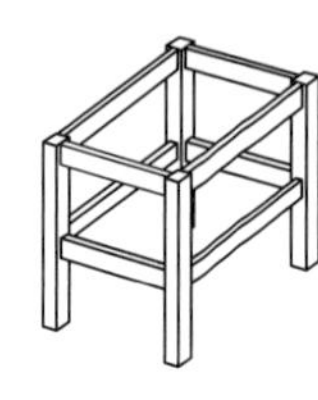
図17　ラーメン構造

○世紀の稚拙な計算技術でも計算が可能だったからである。
施工のレベルが上がったように、計算のレベルもまたアップし、その方法もまた変化していった。そもそも、一九世紀以前には、構造計算という概念がなく、すべてが経験に依存していた。一九世紀までのヨーロッパは組積造に支配されていて、点の集合である組積造は、そもそも計算が不可能であったという事情もある。二〇世紀に入り、ヨーロッパの建築にも、鉄骨やコンクリート製の柱などの線が導入され、構造計算という作業が始まった。当初は、建築を単純なフレームと見倣して計算する、フレーム解析だけが可能であった。ラーメン構造(図17)と呼ばれる単純なフレームしか計算することができず、建築家も、計算の限界に素直に従って、ラーメン構造の建築を量産した。計算の限界が、現実に制限を与えていたのである。

点と線の数を増やして、ラーメン構造よりも複雑なフレームを、有限要素法という方法で計算することができるようになったのは、それほど昔のことではない。コンピューターのおかげで、有限要素法、個別要素法、粒子法へと、計算はさらなる進化を遂げてきて、やっと粒子、すなわち小さな点を取り扱えるまでになってきたわけである。線は扱いやすかったが、点はそれほどに神秘的な存在だったということである。粒子が集合したような僕の建築デザインは、そのような新しい計算技術に、裏から支えられているのである。

石の美術館に話を戻すと、三分の一の石を抜くだけで、ヴォリュームであったはずの石の壁が、パラパラとした点の集合体として見えてきた。不思議な体験であり、魔術的であった。抜

図18　空調をとりやめたディテール
図19　薄くスライスしたビアンコ・カラーラを嵌め込む
図20　館内に，石を透過した光が溢れる

いた部分の扱い方は二通りあって、ひとつは、石を抜いた孔をそのままにする方法。当然そこからは光も風も入ってきて、空調は不可能となるから、通常の美術館としては失格ということになるが、展示するものが石でできた彫刻やクラフトがメインなので、空調はとりやめて、自然の風にまかせた。完全空調されたヴォリュームの創造を目標とする二〇世紀流、アメリカ流の建築に対する批判を込めたディテールである（図18）。

もうひとつの挑戦的なディテールは、石を抜きとった孔の部分に、薄くスライスした石を嵌め込む方法（図19）である。ビアンコ・カラーラというイタリア産の大理石を、六ミリの薄さにスライスすると、石が光を通すようになった。ローマ帝国のジュリアス・シーザーがカラーラの山に石切場を開き、この白い美しい石が使われるようになった。カラーラは、今でも世界で最も多く用いられる石である。普通はガラスを嵌め込むところに、カラーラの石を嵌め込むことで、建築をすべて、石という小さな点の集合体にすることができた。点の原理を徹底することができた。

ビアンコ・カラーラを透過した不思議な光で、館内は満たされた（図20）。古代ローマでは、ガラスがきわめて高価であったため、カラカラ浴場に代表されるローマの浴場では、石をスライスしたものを開口部に嵌め込んだ。ローマの窓もまた、ガラスという面によってではなく、石という

図21　窓ガラスに残る，レンズのような円形の突起．アンゲリカ・カウフマン博物館

点によって作られていたのである。

面は、近代の産物であるということもできる。面を作るには、高度な技術が必要だったからである。われわれが面の素材だと思い込んでいるガラスも、近代以前には、点と呼ぶべき大きさのものしかできなかった。中世ヨーロッパ建築では、窓が鉛のフレームで分割され、そこに小さなガラスの板が嵌められていた。小さなガラスの真ん中には、レンズのような円形の突起がついている(図21)。当時、ガラスで大きな面を作ることができず、吹きガラスの工法でガラス瓶を作り、それを割って、ガラスの板を作ったので、この妙な突起がついている。吹いて、割って作った点と点とを、鉛で接合していたのである。だから、開口部全体が大きくなっても、開口部は点の集合体であり続け、ヒューマンなスケールを保ち続けた。ガラスで大きな面を作れるようになるのは、ずっとあとの時代である。

長い間人類は、壁だけではなく開口部も、点を用いてしか解くことができなかった。人間は点という小さな物を媒介として、なんとか世界という大きな存在とつながろうと、あがいていたのである。中世のガラス窓の突起のような、その格闘の痕跡が、しばしば僕らを感動させる。

石の美術館は、色々な意味で、僕にとってターニング・ポイントであった。まずそこで、石という物質と遭遇した。石という地球生誕の謎にまでつながる深い世界と付き合うきっかけとなった。重たいヴォリュームになりやすいという、やっかいな悪癖をもつ石に出会ったことで、逆に、点の意味、点の価値を意識しはじめた。石は僕に、点の世界の扉を開いてくれた。

ブルネレスキの青い石

次に、フィレンツェ郊外の石切場で採れる、やや青みの入ったグレーの砂岩、ピエトラ・セレナとの出会いがあった。ピエトラ・セレナは、点の世界を、さらに深めてくれた。ピエトラ・セレナの石切場を持つ石屋のサルヴァトーレが、ピエトラ・セレナを使って小さなパヴィリオンを作って欲しいと、わざわざイタリアから訪ねてきたのである。スーツケースに詰めてイタリアから運ばれたピエトラ・セレナは、清らかな石、という意味で、その名の通りの青灰色の落ち着いた色合いで、一目で好感を持った。

アップルの創業者スティーブ・ジョブズはこの石を特別に好み、すべてのアップル・ストアの床を、このピエトラ・セレナで仕上げるように厳命した。歴史をさかのぼると、この石が建築で果たした役割は、意外なほどに大きく、深い。

ルネサンス最初の建築家といわれ、ピエトラ・セレナの石切場に近いフィレンツェをベースとして活躍したフィリッポ・ブルネレスキ(一三七七―一四四六)が、この石を好んで用いたのである。しかもブルネレスキは、それまでには誰も試みなかったユニークな方法で、この石を用いた。まず彼は、ピエトラ・セレナで構造フレーム(柱・梁・アーチ)を表現し、そのフレームの隙間を、白い漆喰塗りのプレーンな壁で埋めたのである。

あたかも白い紙の上に青いペンで線のフレームを描くようにして、実際の建築が作られた。

図 22　捨子保育園，設計：ブルネレスキ，1445 年

実際には、ブルネレスキの建築は、当時の一般的な構造システム、すなわち組積造の壁で支えられている。フレーム構造で支えられているわけではない。コンクリートや鉄でできた構造フレームが建築を支えるようになるのは、一九世紀以降である。フレーム構造とはすなわち、線の構造であった。しかし、一九世紀以前のヨーロッパでは、石やレンガを積み上げて作る組積造が主流であり、一五世紀のブルネレスキもまた、組積造という技術的な制約の中で、組積造独特の、重たく、閉じたヴォリューム建築を作らざるを得なかったのである。

しかし、ブルネレスキは、その制約の中で、線の建築を夢想していた。彼の頭の中には、来るべき線の建築の時代が見えていたに違いない。だから彼は、白い漆喰の壁の上に、ピエトラ・セレナを用い、細い線を描いたのである。ピエトラ・セレナ独特のあの青みを帯びたグレーの色調は、シャープな線を描くのにふさわしいものであった。白い紙の上に青いインキで線を描いたような、数学的で抽象的な印象を、彼は建築に与えようと試みた。鉄骨の線の建築が作られるはるか前に、彼はピエトラ・セレナの青白い色を利用して、線の建築を達成したのである(図22)。

ブルネレスキの次の世紀を生き、全盛期ルネサンスの中心的存在であったミケランジェロ(一四七五―一五六四)も、同じように、ピエトラ・セレナを好んだ。

世界で最も美しい階段とも呼ばれる、ラウレンツィアーナ図書館のホールの階段では、白い壁の上にピエトラ・セレナを用いて描かれたフレームの中に、ピエトラ・セレナの青い階段が

図23　ラウレンツィアーナ図書館ホール，設計：ミケランジェロ，1552年
図24　クリスタル・パレス，設計：パクストン，1851年

浮いている(図23)。

ブルネレスキもミケランジェロも共に、組積造という当時の技術に拘束されながらも、未来にやってくるであろうフレーム構造の時代、すなわち線の時代を予告するような、線の建築を作った。彼らは線の予言者であった。その予言に最も適した物質として、ブルーグレーの冷たい肌をしたピエトラ・セレナが選ばれたのである。そして、彼らの活躍したフィレンツェの近くの山から、この石は切り出されていた。建築家の数学的、抽象的な発想と、彼らの地元のローカルな素材とを、神が結びつけた。建築はそのようにして、ローカルな場所と宇宙をつなぎ、物質と概念をつなぐのである。

彼らの予言の通り、フレームの時代は三〇〇年後に到来した。鉄骨やコンクリートのフレームによって建築を支え、フレームの間をガラスや壁で埋めていくという建築(図24)が、一九世紀後半以降の、西欧建築の主流となった。線の技術によって超高層建築は可能になり、二〇世紀の都市と文明が生まれたのである。ブルネレスキとミケランジェロがピエトラ・セレナを用いて描いた予言は、数百年の長い射程を有していたのである。

ブルネレスキの点の実験

ヴォリューム(組積造)から線へという流れのパイオニアであったブ

図 25　サンタ・マリア・デル・フィオーレ大聖堂．大クーポラ設計：ブルネレスキ，1436 年

ルネレスキは、線に挑戦しただけではなく、点に関しても興味深い実験を行っている。彼の代表作といわれ、ドーム建築に技術的ブレークスルーをもたらしたことで有名なフィレンツェの大聖堂、サンタ・マリア・デル・フィオーレ大聖堂の上の大クーポラ（ドーム）（図25）は、点の可能性に挑んだ大規模な実験であった（一四三六年）。

柱のないダイナミックな内部空間と、天へと延びる象徴的な外観を同時に達成する手段として、古代からたくさんのドームが作られてきた。石やレンガという小さな点を積み上げ、大きなヴォリュームを獲得する手段として、すなわち点とヴォリュームとをつなぐ魔術的な手法として、ドームという工法が古代より重宝されてきた。

しかし、石、レンガの重量が、ドームの大きさを制約した。石もレンガも、素材の重量に比較して、点と点とのモルタルを用いた接着面の強度が弱く、自重によって崩壊してしまうのである。点といえども重量があった。そこに点の建築の、宿命的な欠陥があった。中世においては三〇メートル以上の直径を持つドームは不可能と考えられていた。すなわち、点をヴォリュームへとジャンプさせ昇華させるにも、物理的な限界が存在したのである。石やレンガという点は、いくら工夫をこらして積み重ねても、その三〇メートルという限界を超えることができなかった。

その限界を超え、点の宿命を超えたのが、ルネサンス発祥の地であるフィレンツェの大聖堂サンタ・マリア・デル・フィオーレの大クーポラであり、それを成し遂げたのがブルネレスキ

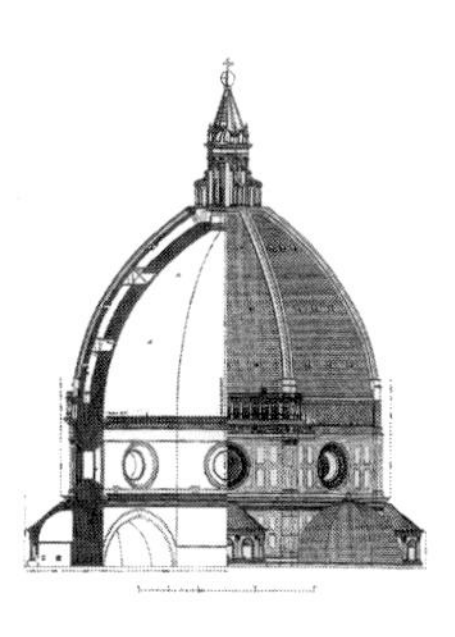

図26　リブ(フレーム)付きの二重ドーム

という天才であった。直径三〇メートルのこぢんまりとした中世的なドームでは、繊維産業と金融業によってイタリアの経済的、文化的中心となったこの「花の都」には、いかにも物足りないと、誇り高きフィレンツェ人は考えたのである。まさに二〇世紀の超高層建築へとつながるヴォリューム至上主義が、新興都市フィレンツェにめばえたのであった。

まず、フィレンツェ政府はドーム・デザインのコンペを行った(一四一八年)。ブルネレスキが提出した大胆なアイデアは、賛否の大激論を呼ぶ画期的なものであり、彼はコンペの勝者となった。彼自身は大聖堂全体の完成を見ることはできなかったが、彼の提案をベースとして、死後、数々のハードルをクリアして、フィレンツェは、直径四三メートル、高さ一二〇メートルの花の都にふさわしい大ヴォリュームを獲得したのである。それほどに彼の提案の難易度は高く、先見的であったということもできる。大クーポラを可能としたのは、リブ(フレーム)付きの二重ドームというアイデアであった(図26)。リブ＝線を介在させることで、点とヴォリュームとを階層的につないだのである。

ブルネレスキはそもそも、線の可能性に最初に気がついた建築家であった。線に対する関心、執着は、ピエトラ・セレナの線のファサードを持った捨子保育園(一四四五年)をはじめとして、彼のすべての作品に見てとれる。線を媒介にすれば、点とヴォリュームとがスムーズにつながることを、ブルネレスキは、直感的に理解していた。その直感に具体的なヒントを与えたのは、古代ローマの線の建築との遭遇であった。

図27　ジャイアント・オーダー．カラカラ浴場の再現図

ブルネレスキは、クーポラのコンペが正式に告示された後、古代ローマの遺跡を訪れ、古代ローマのオーダー（ドリス式、イオニア式、コリント式などの柱）について研究を行った。そこで彼は、古代ローマ建築が、構造的にも、デザイン的にも、柱という線を用いて、巨大なヴォリュームを実現したことを発見するのである。古代ローマ建築は、世界帝国ローマという巨大化した社会が要請する大ヴォリュームを獲得するために、古代ギリシャで生まれた線のアイデアを、最大限に展開した。

のっぺりとなりがちな巨大な壁面にはピラスターと呼ばれる線が取り付けられ（本章図6参照）、二階建て以上の建築の形態をまとめあげるため、ジャイアント・オーダーと呼ばれた、階をまたぐ巨大な柱を、ローマ人は発明した（図27）。ジャイアント・オーダーという長い線によって、高く大きな建物も、間延びすることなく、リズミカルにデザインすることが可能となった。古代ローマ人は、拡大する社会が要請する巨大なヴォリュームを、長く強い線によって解いたのである。

ブルネレスキはローマ遺跡を訪れて、線を発見し、それをフィレンツェの緊急課題であったコンペに応用した。サンタ・マリア・デル・フィオーレの中で、線は様々に組み合わされ、編まれることによって、建物の強度を上げた。まず、木材（まさに線）六〇本を帯鉄（またしても線）とボルトで結合したリングを作り、リングという線によってドームの底部を締め付け、ドームが水平方向にばらけることを防いだ。

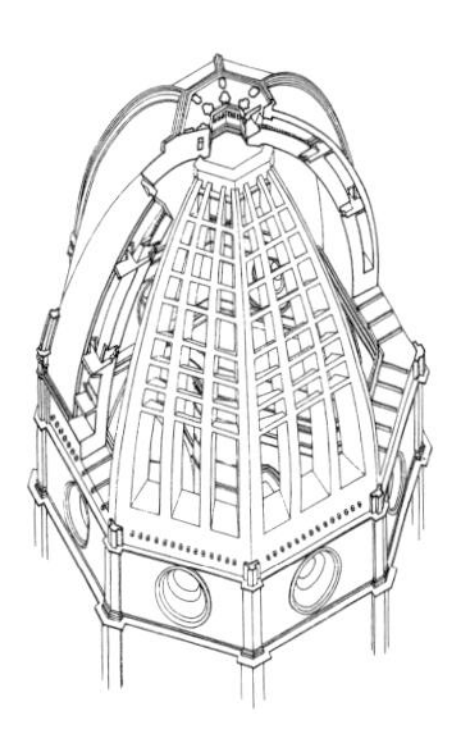

図28　二重に重ねられたリブ付きのドーム

強度を高めるため、リブ付きのドームは二重に重ねられた(図28)。リブ(線)を二重に編み込むことで、ドームは直径三〇メートルという限界から解放され、外側のドームは、圧倒的なヴォリューム(高さ一二〇メートル)を獲得することになったのである。点の弱さが線によって克服され、線は編まれることによって、さらなる強度を獲得した。まさに線を編む技術によって成長した繊維産業の街フィレンツェにふさわしい、しなやかな建築的発明であった。

ブルネレスキの帰納法

ブルネレスキのコンペ提案のもうひとつの新しさは、足場を作らないで、ドームを作るという画期的工法にあった。たとえリブという線を、点とヴォリュームをつなぐ媒介として導入したとしても、リブとリブの間は、根気よく点(レンガ)で埋めていかなければならない。どうしても最後は、点とヴォリュームを強引につなぐというジャンプが必要となる。その宿命的な困難を、ブルネレスキはどう克服したか。

微小な点(砂利、砂、セメント)を一気にヴォリュームへとジャンプさせる一種の魔術的工法が、二〇世紀の最も一般的な建築工法となった現場打ちコンクリートであった。しかもこの工法を用いれば、石やレンガをひとつひとつ手で積み上げるという手間を省くことができた。その意味で、コンクリートは魔術的であると同時に、怠慢な工法でもあった。

図29　仮設足場

二〇世紀建築は、魔術と怠慢を結合させることに成功した。だからこそ、二〇世紀の人々は熱狂し、麻薬に依存するように、コンクリート建築におぼれたのである。合理的であるかに見えるが、実は魔術と怠慢を愛するこの時代に、コンクリートはうってつけの素材であった。コンクリートは一瞬にして、夢の城を人々に提供してくれた。コンクリートで堅牢な城を建て、私有するという行為に、二〇世紀の人々は異様なほどの情熱を示したのである。

そして実は、コンクリートにおける点からヴォリュームへのジャンプは、仮設足場（図29）と呼ばれる、芝居の黒子のような補助的建築、補助線によって、はじめて可能になったのである。仮設足場がなければ、決してコンクリート建築を作ることはできず、魔法は起こらなかった。そして、線（鉄パイプ）を編むだけで簡単に仮設足場が製作できたからこそ、現場打ちコンクリートという魔術的工法が二〇世紀を支配することになったわけである。仮設足場という作られて、用が終われば消えてゆく線の建築が、点をヴォリュームへとジャンプさせたのである。

しかし、ドームを作る場合、ドームと同じ大きさの木製の仮設足場をドームの下に建て、その上に木でドーム型の型枠を作って、さらにその上にレンガを置いていかなければならない。垂直な壁を積む時の足場よりも、はるかに困難な作業が必要であった。その結果、工事中はドームの内部空間全体が、仮設足場で埋めつくされて、足場の森のような有様になる。この足場と型枠を作るという面倒なプロセスを、いかにしたら省略できるかに、ブルネレスキは果敢に挑んだのである。

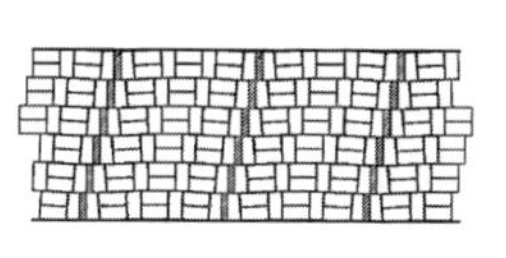

図30　レンガをずらしながら線にしていく

彼の解法は、レンガをずらしながら積んでいくという、斬新な方法であった。レンガは点とはいえ、大きさがあるから、少しずらして、上のレンガが下のレンガよりわずかにはり出すように積むことができる。これをどんどん繰り返していけば、最終的には、昔ながらの森のような足場がなくても、大きなドーム（ヴォリューム）を建設することができるのである。いわば点であったはずのレンガを、ずらしの手法によって、線として用いたのである（図30）。

これは、数学における帰納法を想起させる画期的な方法であった。nで成立することが、n＋1でも成立することを示せば、あとはそれを無限に繰り返せばいいというのが、帰納法の論理構造である。ブルネレスキは、建築における帰納法を発明したのだともいえる。

建築における演繹法と帰納法

建築にも演繹的アプローチと、帰納的アプローチとがある。二〇世紀のコンクリート建築は演繹的であった。まず、全体の形のイメージがあって、その形を実現するために、部分を構成する素材やその結合のディテールが結論される。部分は全体に服従しなければならない。コンクリート建築では、すべての部分が全体に従属していた。

一方、ブルネレスキの方法は、部分から全体へと到達しようとする帰納法であった。部分の性質、その限界を徹底的に洗い出した上で、その部分と部分とが繋ぎ合わされて、上位の段階へと昇っていく。その作業を積み重ねていった末に、時として、予想もしていなかったような

図31　サンタ・マリア・デル・フィオーレ大聖堂のヘリンボーン

全体が出現する。それが帰納法という方法である。帰納法は時として、驚きに満ち溢れ、想像を超えた結果を連れてくる。コンクリート後の建築では、演繹的方法ではなく、帰納法が多用されるようになるだろう。コンピュテーショナル・デザインが可能とする加算的建築は、帰納法と相性がいいからである。

ブルネレスキは帰納法の効果を知っていた。点を帰納法的に拡張して線に到達し、線を媒介としてヴォリュームへと到達した。線というものの効果を熟知し、線を徹底的に活用した。それは彼が金細工師として、そのキャリアをスタートしたことと関係があるように、僕は想像する。彼はそもそも、建築ではなく、金細工の技術を学んだ。石やレンガが本質的に点であるのに対し、金属とは、本質的に線である。その経験が彼に線の魔術を教え、彼は線の力を、建築の世界へと持ち込んだのである。

ブルネレスキ以降の建築の歴史は、金属という新しい物質の参加によって開かれていった。金属が参加することで、歴史は大きく転換していった。金属と線とは、切っても切れないものだったからである。鋳鉄の柱をはじめとする、鉄が作る線によって大空間の創造が可能となり、建築空間のスケールは拡大していった。ドイツの宰相ビスマルク（一八一五―九八）が残した「鉄は国家なり」という言葉は、金属の作る線がいかに人間の空間の拡大に役に立ったかを物語っている。実際に一九世紀のドイツの躍進において、鉄は大きな役割を果たした。一見金属とは関係がないように見えるコンクリートだが、実は、内部の鉄筋がなくては、コンクリート

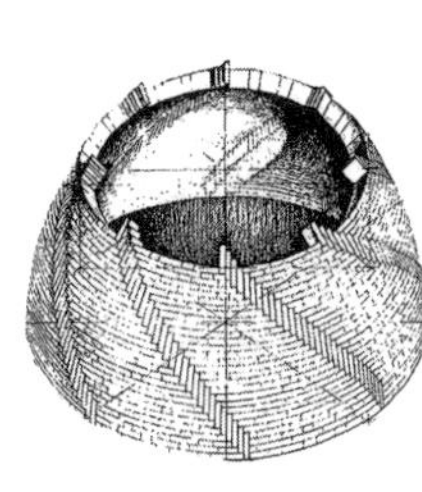

図32　ドームに挿入されたヘリンボーン

構造は成立しない。砂、砂利、セメントの粉などの小さな点を、鉄筋という線が束ねているのである。建築の近代化とは、建築の「金属化」であり、「線化」であった。その第一歩が、金細工師ブルネレスキの建築家への転身であった。

フィレンツェの大聖堂で足場を省略するために、ブルネレスキは、レンガ自体をデザインし直した。彼は薄くて、しかもサイズの大きなレンガを焼かせた。そうすると、レンガとレンガとを大きくずらすことが可能となり、そのずれが、次のレンガの持ち出し(キャンチレバー)を可能にする。日本ではコンニャクレンガとも呼ばれたこの扁平なレンガは、点でありながら、少しだけ、線へと近づいたレンガである。

さらに、ブルネレスキは、ヘリンボーン(にしんの骨)とも呼ばれるジグザグ状の積み方を導入して、レンガ同士の接着の強度を増している(図31)。ヘリンボーンもまた、点の中にこっそりと線を導入する巧妙な手法である。この工夫により、にしんの骨がにしんの肉に差し込まれたように、点の集合体はさらに粘り強いものになったのである。どういう形状の骨(線)を挿入すれば、最も強靱で柔軟な身体を形成できるのかを学習した結果が、ヘリンボーンであった。生物のしなやかさを、彼は建築に導入したともいえる。彼は金属から、そのしなやかさを学んだに違いない。

ブルネレスキは、このずらしの手法を、ドームの水平の円弧にそって回転する形で実行した(図32)。回転を利用することで、ちょっとしたずらしが、一周するうちに大きなずれ、持ち出

図33　ポリタンクのバリケード

しを生み、足場を全く用いない経済的な方法で大きなドームを施工することが可能となったのである。

ポリタンクとトビケラ

ずらしを用いて、点を線へと帰納法的に転換する方法を、僕はブルネレスキから学んだ。ウォーター・ブロック（二〇〇七年）と名づけたパヴィリオンで、まず点を積んだ組積造に挑み、一年後の、ウォーター・ブランチ・ハウス（二〇〇八年）というパヴィリオンでは、それにずらしを加えて、ブルネレスキ流に進化させた。点から線への進化を、僕も追体験してみたのである。

ポリタンクを積み上げて作ったバリケード（図33）を見たことが、ポリタンクのパヴィリオンを作るきっかけだった。空っぽの軽いポリタンクを運び込み、現場で水を入れると、途端に重いバリケードに変身する。大風が吹いても倒れない。次の場所へ動かす時は、もう一度水を抜けばいいだけである。点の重さを、自由に変えることのできる、魔法のような建築だと、僕は感じた。建築は、一度建てたら動かせないし、形も変えられないと誰もが信じている。たしかに、一度建てたら、形も重さもすべて変えられないはずだった。工事現場で使われるポリタンクのバリケードは、この常識への大胆な挑戦であるように感じられて、興奮した。

この重さの変わる小さな点、振動し続ける点を、どのように組み上げていったら、新しい建

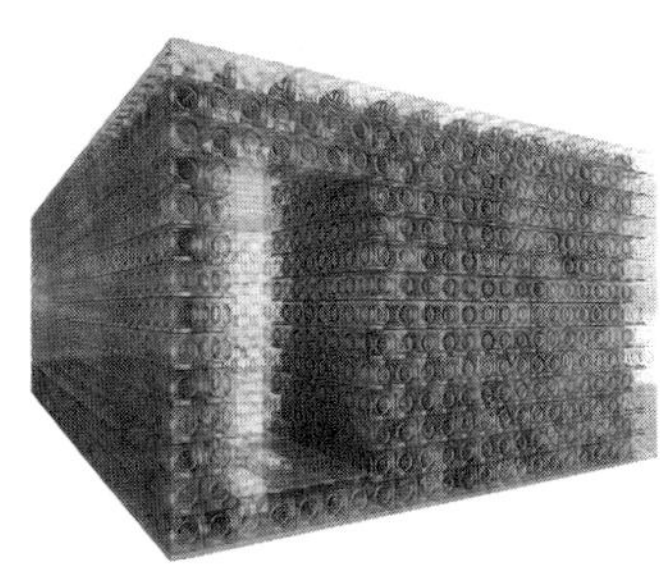

図34　ウォーター・ブロック，2007年
図35　印籠継ぎ
図36　西欧のレンガ造り建築

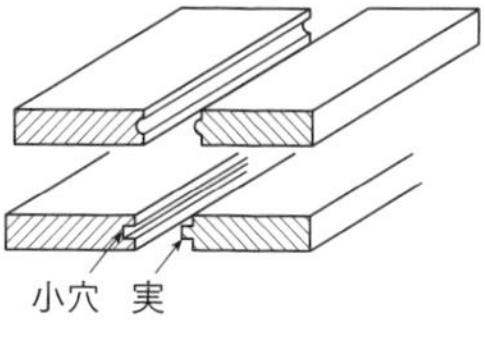

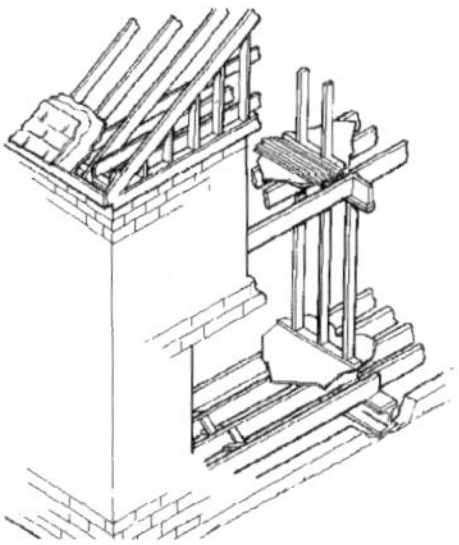

築を作れるだろうか。最初に考えついたのは、レゴの方法で組み上げた、ウォーター・ブロック(図34)である。レゴは、組積造の本場、ヨーロッパ(デンマーク)で発明されただけのことはあって、レンガや石を積み上げていく点の方法をベースにしている。しかしモルタル(接着剤)による接合という昔ながらの方法に代わって、木と木を継ぐ時に使われる、凸と凹を嵌めるジョイントが採用されている。この凹凸ジョイントは、水戸黄門でおなじみの小さな木製ケース、印籠の蓋にも用いられ、日本では印籠継ぎと呼ばれる(図35)。

レゴ社の前身はデンマークの木工所であり、そこで受け継がれてきた木造的発想と、組積造的なスタッキング(積み上げ)システムの統合がレゴである。レゴは西と東の方法を統合したことで、世界的なおもちゃとなった。

しかし、このレゴのシステムだと、垂直な壁は簡単に作れても、屋根を架けるのが難しい。屋根が架けられないと、ポリタンクだけでパヴィリオンを作ることができず、壁と壁との間に、木で作った梁を架けなければならない。西欧のレンガ造、石造建築で、床や屋根にだけ、木のフレームを使うのと同じ結果になる(図36)。僕らがめざすのは、ひとつのユニットだけで、すべてが組み立てられる数学的なパヴィリオンである。違う部材に頼らなければパヴィリオンが建てられないようでは、汎用性に問題があり、美しい数学的システムとはいえない。ひとつのユニットを積んだだけで建築が作れれば、ひとりで作れる草の根建築も夢ではなくなる。

動物の巣の美しさは、ひとつの単位だけを使って、全体が作られていることである。ひとつの単位、ひとつの動作で完結する全体は、美しく、自然である。その最も興味深い例はトビケラという小さな虫の幼虫の巣である(図37)。トビケラは身近にあるひとつの素材を用いて、体を回転させるというひとつの動作だけに頼って、美しい巣を作り上げる。手に入る素材は、それぞれの場所で異なる。当然、巣は違った姿になる(図38)。にもかかわらず、動作はひとつであり、手法はひとつである。それは巣であると同時に、トビケラの衣服のようでもあり、トビケラの身体そのもののようにも見える。手法のシンプルさ、トビケラの迷いのなさによって、巣という建築が、身体そのものに感じられるのである。

僕も身体のような建築を作りたいと、ずっとトビケラに憧れていた。身近にある小さな点なら、何でも材料になるという、柔軟性、寛容性も魅力であった。二〇世紀には、遠くにある、一番安い素材を使う方法が、建築の基本となった。輸送の時に排出される、大量のCO_2は問題と

図37　トビケラの巣
図38　色々なトビケラの巣

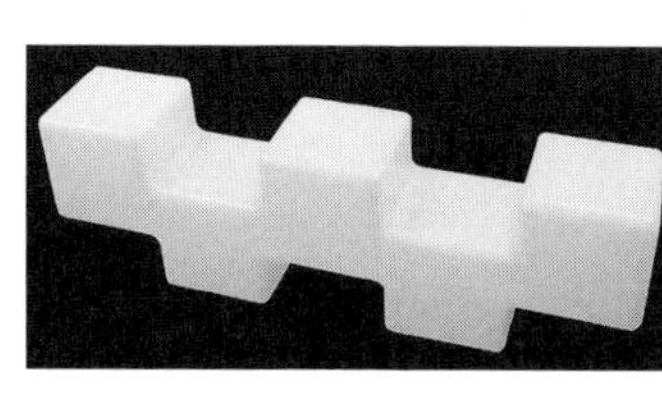
図 39　ウォーター・ブランチの，ニューヨーク近代美術館に出品したユニット，2008 年．両端にバルブがあり，中に水を流すことができる

されなかった。その結果、すべての建築は均質化し、場所というものが失われた。僕らはもう一度、トビケラに倣って、身近な素材、身近な点へと回帰しなければならない。場所を取り戻さなくてはいけない。

トビケラとブルネレスキにヒントを得て次に思いついたのが、ギザギザした棒の形状をしたポリタンク、ウォーター・ブランチである(図39)。ニューヨークの近代美術館(MoMA)から、デリバリーのピザのように簡単に作って運べる建築をテーマとした、ホーム・デリバリーという展覧会への出品を依頼されて、ブランチの形状を思いついた。ピザのようにデリバリーできる草の根の家には、トビケラの巣のような形状、方法がふさわしいと考えたからである。ギザギザの感じが、木の枝(ブランチ)のように見えたので、ブロックの代わりに、ブランチと名づけた。

このブランチならば、ずらしながら積むことができる。ウォーター・ブランチは、ブルネレスキが作った大きく薄いレンガのように、線に少しだけ近づけた点なので、ずらしやすいのである。ブランチはどちらの方向にも自由にずらしていくことができるので、線を縦に横に自由に編むことが可能で、より粘り強い構造体となった。

点と世界とをつなげようとしているうちに、僕はいつのまにか線に辿り着き、線を編みはじめていたのである。点から線へとジャンプし、線を基本単位として編みはじめることで、世界へと到達しやすくなった。

ウォーター・ブランチは、点と線の中間的存在で、線と呼ぶには少し短すぎ、完全な線になりきっていないところも、おもしろいと思った。その意味で、ウォーター・ブランチは、線ではなく、線分である。長い線状の物体は、運搬したり、組み立てたりするのが難しい。線分ならば運搬も施工も容易である。ウォーター・ブランチは、点と線との間を振動しながら、点と世界をつないでいる。

液体で点をつなぐ

ウォーター・ブランチをきっかけにして、僕は点と線をつなぐ方法を捜しはじめたが、同時にまた、ブロックからブランチにはもうひとつの大きなジャンプがあった。ブランチ同士、すなわち点と点とが水という液体でつながったことである。

ウォーター・ブロックも、ウォーターという名前の通り、ユニットの中に水を入れることができる。しかし、ウォーター・ブロックの中の水は、封入して、蓋をしめているから、流れることはない。一方、ウォーター・ブランチでは、ブランチ同士がつながって、水がその中を自由に流れる。ウォーター・ブランチで作った壁の中、床の中、屋根の中を、水が流れ、水によってブランチ同士が完全につながるのである(図40・図41)。

水が流れているかいないかで、大きな違いがある。水が生きているか死んでいるかというくらいの、違いである。ブランチを組んで作ったパヴィリオンの外に、ヒート・コレクターを置

図 40　ウォーター・ブランチ・ハウス，2009 年
図 41　ウォーター・ブランチの中を水が流れる様子．ブランチ同士が水でつながり，血液のように水が循環する

き、太陽光を利用して温水を作り、その温水を、ウォーター・ブランチの中で循環させた。暖かい血液が人間の体じゅうを循環して体を暖めるように、ウォーター・ブランチで作った床、壁、屋根の全体が、じわっと暖かくなる。水が流れることによって、身体の中で起きている生命的な現象が、建築という固い世界の中でも実現したのである（図42）。

液体を媒介として、ブランチとブランチとがつながり、点であったはずのものが、ひとつながりの線、すなわちネットワークとしてつながったように感じられた。トビケラも点と点の接合において、液体を上手に活用している。口から分泌される液体を用いて、トビケラは、点と点とをやわらかく接合し、あの衣服と建築との中間体のような巣を作り上げていたのである。

この原理は布と同じである。縦糸と横糸は、ばらばらではなくひとつながりであり、線が一筆書きのようになっているから、線でありながら面の強さを持つ。液体がその中を流れることによって、ウォーター・ブランチは線を超えて、ひとつの布、ひとつの面になったと感じられた。点と線と面とが、互いに埋め込みあう関係を、液体が作り出したのである。

点と点とが物理的に構造的につながったのではなく、液体でつながり、流れによってつながったのだともいえる。建築とは通常、固体の世界に属している。しかし、生物の世界を見れば、細胞という点と、別の細胞とはしばしば液体の流れでつながっていることに気づく。生物とは固体であると同時に、液体でもある。液体を通じて強度が確保され、また液

図42　ウォーター・ブランチ・ハウスの内部

体を使ってエネルギーも情報もやりとりされる。血管のようなパイプを介在させなくても、液体がそこにあるだけで、点と点、細胞と細胞とがひとつにつながっているのが、生命なのである。

生物の世界では、点と点の接合において、液体がきわめて重要な役割を果たしていることを、再確認できた。点であることの自由を保ちながら、液体によってつながり、連帯するのである。建築の世界も、そろそろ固体であることを卒業して、液体の世界に突入していい頃なのである。建築ではいまだに、配管の中だけを液体が流れているが、液体自身が建築の主役となれば、液体は配管を飛び出し、建築は別の世界へとジャンプできる。ウォーター・ブランチで、そんな手ごたえを感じることができた。

メタボリズムと点

建築の世界で、生物をモデルにしたのは、一九六〇年代の日本から起こった、メタボリズム運動であった。メタボリズムとは、生物の新陳代謝のことで、建築もまた社会の変化、使い方の変化、規模の変化に応じて、スムーズに新陳代謝しなければならないというのが、メタボリズムの建築家達——浅田孝、菊竹清訓、黒川紀章、大高正人、榮久庵憲司、粟津潔、槇文彦——の主張であった。建築の使い捨て、スクラップ・アンド・ビルドに代わって、パーツを取り替えたり、足したり引いたりしながら、生物のようにゆるやかに変化していく建築を、彼ら

図 43　中銀カプセルタワービル，設計：黒川紀章，1972 年

は提案したのである。メタボリズム宣言が発表されたのは、一九五九年のことであり、日本は高度成長のピークを迎えようとしていた。

若い建築家達による、環境の時代を先取りするような大胆な提案、デザインは、世界から評価され、日本の建築家の知名度を一気に高めた。しかし、ドローイングまではよかったのだが、実現したメタボリズムの建築は、多くの人を落胆させ、運動は短命であった。カプセルという大きな点を単位にしたことが失速の原因であったと僕は考える。彼らはカプセルを単位として、オフィス、住居、ホテルを作り、カプセルを交換することによって建築を新陳代謝させようとした。メタボリズムとは、カプセル建築の別名であった。

しかし、実際のところ、カプセルの新陳代謝、すなわち交換は、物理的にきわめて困難であった。街の中で、大型のクレーンを現場に運び込んで、重たいカプセルを取り外したり、取り付けたりするのは大変な作業であったし、メインの配管とカプセルをつなぐ配管類をつなぎ直す作業も、ハードルが高かった。メタボリズムの代表作といわれる黒川紀章(一九三四―二〇〇七)設計の中銀(なかぎん)カプセルタワービル(一九七二年)(図43)も、竣工後カプセルの付け替えは一切行われていない。カプセルによる新陳代謝は、建築家の妄想でしかなかったと総括され、批判されることになった。

メタボリズムの失敗の原因は、新陳代謝の単位が大きすぎたことだというのが、生物学者の福岡伸一と僕が話し合った結論である。カプセルの付け替えは、生物でいえば臓器の取り替えのような大げさなものである。自然界の生物は臓器を交換しながら新陳代謝したりはしない。細胞という小さな点を少しずつ交換しながら、ゆるやかにメタボリズムを続けていくのが生物であると、福岡は指摘する。福岡がいうように、生命とは流れであり、あらゆるものが流れながら、動的均衡を達成しているというのが、現代の生物学が獲得した生命観なのである。二〇世紀初頭までの生物学は、臓器という大きな点を単位とする静的均衡として、生物を捉えていた。臓器を単位とする生命観は、すでに過去のものである。詩人アントナン・アルトー(一八九六―一九四八)が創造した「器官なき身体」という概念を、ドゥルーズ/ガタリは『アンチ・オイディプス』*の中心的概念に設定し、器官論的生命観を批判した。器官は大きすぎ、カプセルも大きすぎると、アルトーも直感していたに違いない。

点をどんどん小さくし、点のまわりの液体や気体を媒介として利用すれば、一度は挫折した建築のメタボリズムを、もう一回復活できるかもしれない。液体でつながったウォーター・ブランチのあり方は、その新しいメタボリズムの第一歩ともいえる。

新しいメタボリズムでは、建築は止まることなく、流れ続けなければならない。レンガやコンクリート・ブロックも、小さい点ではあるが、点を取り替えるためには、接着のために用いているモルタルをはがすという、暴力的な大手術が必要である。しかもレンガやブロックとは別に、空調ダクトや、水や温水を通すパイプがなければ、流れが生まれない。

一方、僕のウォーター・ブランチは、つながったブランチの中を水が流れていけるので細胞

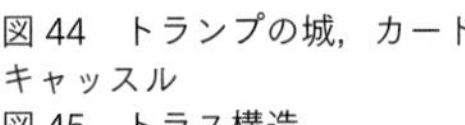
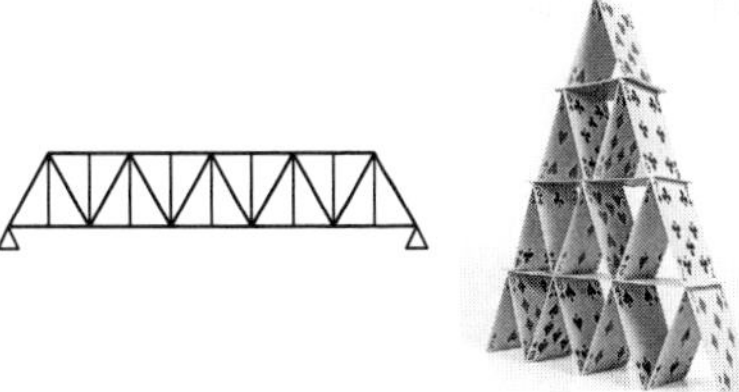

図44　トランプの城，カード・キャッスル
図45　トラス構造

同士が液体を直接やりとりするように、液体を媒介として、熱やエネルギーを伝達でき、ダクトもパイプも必要ではない。黒川の中銀カプセルタワービルは、ダクトやパイプの付け替えができずに挫折したが、液体を媒介として、小さな点同士を直接つなげば、点と点は、ダクトやパイプがなくてもひとつの身体を構成し、身体の中に様々なものが流れ続けるのである。メタボリズムは生物に学ぼうとしたが、学び方が図式的で、中途半端であった。ウォーター・ブランチの先に、新しい生物的な建築を作ることも夢ではない。

線と呼べるほどに薄い石

話をブルネレスキの愛した、ピエトラ・セレナに戻そう。その石の採れる山を持つ石屋のサルヴァトーレから、ピエトラ・セレナを使ってパヴィリオンを作って欲しいと依頼された僕は、点として扱われてきた石を、一気に線へとジャンプさせるやり方を捜した。ブルネレスキのずらしの手法だと、パヴィリオンがどうしても重たくなってしまうからである。サルヴァトーレは、輸送可能な軽いパヴィリオンを求めてきた。石を極限まで薄くスライスすることで、石で線を作り、その線と線とを組み合わせることができれば、彼の難問にも答えられるかもしれない。

ヒントをくれたのは、トランプのカードを使って、小さな三角形を作りながら城を作る子どもの遊び、カード・キャッスル（図44）であった。どんなに細くて頼りない線でも、三辺の長さが決まれば、三角形の形が決定されるという三角形の原理を利用することで、しっかりとした構造体になる。鉄や木材などの線材を組み上げるトラス構造(図45)は、三角形の原理の可能性を見事に利用した古代ローマ以来の構造システムである。木も鉄も長さに限界があるので、正確には線ではなく、点と線との中間の線分である。線分を三角形の原理で接合し、剛性の高い、強い線へと変換させる技術がトラスであった。ピエトラ・セレナのカード・キャッスル(二〇〇七年)(図46)は、トラスの原理を石へと応用して、線と呼べるほどに薄くスライスした(図47)。それぞれの場所に、それぞれが得意とする材料がある。イタリアだからこそ、石を用いて透明な城ができあがった。薄い石を使って、堅固な城を作ろうという考えである。イタリアの石の職人は、日本の大工のように器用に石をスライスし、透明な城を作った。

図46　カード・キャッスル, 2007年
図47　薄くスライスしたピエトラ・セレナ

ピエトラ・セレナとの出会いで、ブルネレスキの点や線との格闘を再発見したように、新しい材料との出会いは、僕らを新しい段階へと導いてくれる。

日本の瓦と中国の瓦

材料はいつも、僕らにとって、他者として出現する。他者と向き合い、がっぷりと四つに組むことで、僕らは次の地平へと進むことができる。中国の民家に使われている瓦も、その意味で僕にとっては他者であった。中国の瓦に出会って、点の建築の、次のステージが始まった。

中国で建築をデザインすることは、決して易しくない。日本流の高い精度を求めると、必ず失敗する。施工の精度以前に、現場に持ち込まれる材料のバラツキが激しくて、ほとんどの日本の建築家は、搬入された不揃いの材料を見て、途方に暮れてしまう。

僕も最初に中国で仕事を始めた頃は、同じように、何度もがっくりし、打ちのめされた。しかし、ある日、考え方が変わった。むしろ、そのバラツキを生かしたデザインというものがあるのではないかと、考えを一八〇度転換したのである。

そう考えはじめると、中国で仕事することが楽しくなった。頼まなくても、バラツキに溢れているからである。やがて、よりバラツキが激しいものを捜しはじめるようになった。その中でも、一番気に入っているのが、中国の民家に用いられるバラツキの激しい瓦である。

杭州と新津の二つの美術館で、この中国瓦の可能性を徹底して追究した。二つの場所とも、敷地のまわりには典型的な中国の田園風景が広がっていた。瓦で屋根を葺いた、昔ながらの民家が、風景を構成する基本単位となっていた。近寄って瓦を観察してみると、興味深いほどに、色、形、寸法がバラついている。

その田園風景の中に、時々、白い煙があがっていた。瓦を焼く野焼きの窯が出す煙だった。野っ原の中に、レンガと土で小さな窯を作り、そこに薪をくべて瓦を焼くのである。今でも、あのようにプリミティヴな方法で瓦を焼いているから、あの美しいバラツキが生まれるのであ

図48　ノートルダム・デュ・ポール大聖堂，12世紀
図49　本瓦
図50　桟瓦

る。

一方、日本の屋根瓦は、ほとんどが大工場で、機械を用いて焼成される。当然バラツキはほとんどない。バラツキはあってはいけない。日本人の几帳面さと、高い工業技術とが連動して、中国の瓦とは対照的な精度、均一性に到達してしまったのである。そのせいで、日本の民家の屋根の表情は、すっかりのっぺりとしたものになってしまった。瓦はそもそも生きた点であり、点の作るリズムが、屋根に表情、スケール感を与えていたはずなのだが、工業製品となってしまった日本の瓦は、少しも点を感じさせない。日本の瓦屋根は、屋根を灰色に塗っただけに見え、点のリズム、点の躍動感はどこにも存在しないのである。

瓦の形状が、こののっぺり感に輪をかけている。そもそも、屋根瓦は曲面に成型して焼いた陶板を、上向き、下向き、交互に組み合わせることで、雨水を防ぐというシステムであった(図48)。西欧でもアジアでも、この基本形からスタートしている。日本では、平瓦の上に載る丸瓦の断面の曲率をきつくして、凹面と凸面の陰影がよりはっきりでるようにした組み合わせを本瓦と呼び、奈良時代以来、本瓦は日本の都市景観を構成する基本素材のひとつとなってきた(図49)。

しかし、江戸時代の延宝二年（一六七四年）、近江の瓦工、西村五兵衛正輝が、丸瓦と平瓦とを一体化した桟瓦と呼ばれる合理的、経済的システムを発明した。桟瓦は別名、簡略瓦とも言われ、確かに施工の能率を高めたが、その近代的な建築材料の登場以降、日本の屋根は、すっかり陰影、メリハリを失って、のっぺりとしたものになってしまったのである（図50）。桟瓦は、明治以降の工業化によって、さらに表情を均一化させ、日本の屋根は、さらに退屈なものとなってしまった。点のきらめきとリズムとが、日本の屋根から、そして日本の景観全体から、すっかり失われてしまったのである。

そののっぺりした景観にうんざりしていた僕の目に、中国の瓦が発する点のバラツキは、奇跡のように美しく生き生きとしたものと映った。中国の山の中で建築を作るなら、この野焼きの瓦を主役にしたいと、密かに思っていたのである。

点の階層化とエイジング

杭州の中国美術学院民芸博物館（二〇一五年）の敷地は、もともと茶畑であった。茶畑独特のゆるやかな斜面に寄り添うような建築を作って、屋根をすべて瓦で葺こうと考えた。しかし、瓦で葺きさえすれば、自動的に、景観になじんだ建物ができるというわけではない。ひとつの屋根が大きすぎると、その面の大きさに比較して、それを構成するひとつの点、すなわち一個の瓦のサイズが小さすぎ、いかにひとつひとつの点にランダムなバラツキがあったとしても、

図51　中国美術学院民芸博物館，2015年

点は大きな面の中に埋没して、のっぺりとした印象を与えてしまう。その危険を避けるため、大屋根を作るのではなく、民家と同じようなスケールの小さな屋根を単位とし、その小さな屋根が無数に集合した、村のような風景を作ろうと考えた（図51）。小さな屋根の中に置くと、バラツキのある瓦は全体に埋もれずに、しっかりと独立した点として、自分の存在を主張してくれるだろう（本章扉写真）。点の建築を作る時に重要なのは、点と全体とのバランスである。僕はしばしば点を階層化して、段階的に全体へとつなげ、環境へとつなげていく。

小さな屋根の下には、小さな菱形の平面形をした空間が集合していて、その小さな空間が、茶畑の微妙に傾斜した地形を、三角形分割の手法でなぞっている。建築が全体として大きかったとしても、階層化の方法を上手に用いれば、生き生きとした点のきらめきを失わずに、小さな点と、大きな全体とがゆるやかにつながることができる。

一番苦労したのは、瓦を使って、外光をコントロールするスクリーンのディテールだった。その四年前にデザインした、成都の南、新津に立つ、知・芸術館（二〇一一年）（図52・図53）では、垂直に張ったワイヤーに、瓦をひとつずつ取り付ける方法を試みた。瓦一枚、一枚の間に隙間をあけて、瓦がなるべく点として感じられるようなディテールを開発した。杭州では、もう一歩、瓦を点に近づけようと考えた。ワイヤーを四五度に交差させ、その交点に一枚一枚瓦を取り付けていけば、瓦はよりパラパラと感じられ、生き生きとした点に感じられる。その際、新津のように瓦を立てて使うのではなく、瓦を寝かせて、その小口（断面）を見せる形で取り付け

図 52　新津　知・芸術館，2011 年

たところがミソである(図54)。瓦のシャープな小口が見えることによって、瓦がより点として感じられるのである。さらに、瓦の取り付け方を変化させ、ひとつひとつの瓦の先端の位置をデコボコさせた。そうすることで、点の印象がさらに強まった。小さくて独立した点が、ランダムに集積し、ひとつの雲のような、霞のような曖昧なスクリーンを構成するのである。

図53　瓦が点として感じられるような知・芸術館のディテール
図54　瓦を寝かせた民芸博物館のディテール

バラツキがあり、汚れがあり、傷みがあり、デコボコしているということは、それだけ点が自由であり、点がより点らしいということでもある。点をより自由な存在として、解放してやろうと考えるならば、汚れを歓迎し、傷みを楽しまなければならない。

それは、建物ができた後についてくる、長く、予想のつかない時間に対して、開かれた建築を作るということである。完成した後に、様々に汚れ、傷んだとしても、最初からバラついた点は、エイジングを許容し、飲み込んでくれる。きれいで、整然としすぎた建築は、汚れを許容しない。現代の日本建築は、その不寛容な方向に向かって進化し、その結果、日本の都市は汚れを許容しない、居心地の悪い環境となってしまった。

カンディンスキーは、石版画は永遠に修正が可能であり、加算的で、永遠に完結しないと指摘した。バラついた点の建築もまた、汚れや傷を最初から内蔵しているがゆえに、建物の竣工という閉じた時間に封じ込められることなく、永遠の時間へと開かれている。石版画と同じよ

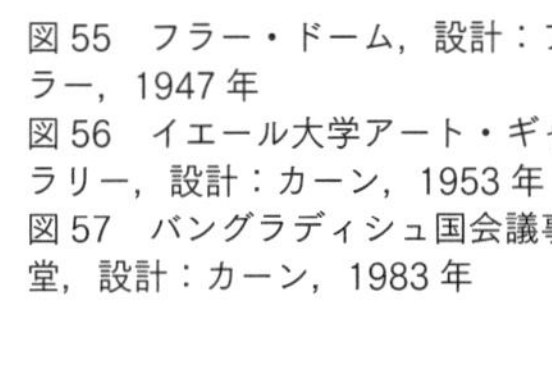

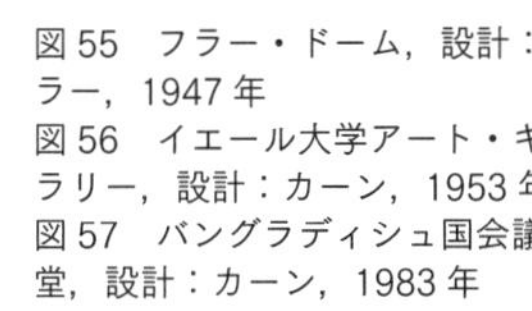

図55　フラー・ドーム，設計：フラー，1947年
図56　イエール大学アート・ギャラリー，設計：カーン，1953年
図57　バングラディシュ国会議事堂，設計：カーン，1983年

うに。汚れや傷は、環境を自由に、やさしくする。

自由な点としての三角形

杭州の博物館では複雑な地形を三角形を単位として分割した。四角形ではなく三角形を単位とすることで、どのような複雑な曲面でも、三角形の集合体として近似できる。その意味において、四角形は面であるが、三角形は面であると同時に、点の自由さを持っている。四角形は不自由であり、三角形は自由である。

建築は通常、四角形を単位として作られる。平面も、立面も、四角を単位として、建築は作られてきた。

しかし、四角形は融通がきかないということに気づいた建築家が何人かいる。フランク・ロイド・ライト(一八六七―一九五九)は、自然の原理に基づく建築を様々な形で試み、三角形の可能性に注目していた。ライトの影響を受けたバックミンスター・フラー(一八九五―一九八三)や、ルイス・カーン(一九〇一―七四)も、三角形に大きな関心を抱いていた(図55・図56・図57)。三人の背後には、一九世紀のアメリカに起こった、トランセンデンタリズム(超越主義)と呼ばれる思想の流れがある。

トランセンデンタリズムの自然への崇拝、自然と精神の調和の追究は、三角形という幾何学へと辿り着いた。

トランセンデンタリズムは、R・W・エマソン（一八〇三―八二）や、『ウォールデン――森の生活』（一八五四年）で自給自足を提唱したH・D・ソロー（一八一七―六二）らによって一九世紀の産業化直前のアメリカで創始された思想だが、彼らは宗教的にはユニタリアニズムに近く、同じくプロテスタントの一派で、勤勉な禁欲生活を重視するカルヴィニズムを徹底的に批判した。一方、コルビュジエをはじめとする、ヨーロッパのモダニズム運動を主導した建築家達は、カルヴィニズムと近い位置にあった。コルビュジエの生まれたスイスの山中のラ・ショー＝ド＝フォンは、南仏のカルヴァン派の人々が、迫害を逃れて辿り着いた土地といわれている。

マックス・ウェーバーは、『プロテスタンティズムの倫理と資本主義の精神』（一九〇四―〇五年）の中で、カルヴィニズムの禁欲主義が、近代資本主義の起源にあることを指摘した。またカルヴィニズムの信徒が大きなガラス窓を好んで、神に対して何物も隠さないことを心掛けたことと、モダニズム建築の大きなガラス窓との関連性もしばしば指摘される。カルヴィニズム、近代資本主義、大きなガラス、四角形が一方にあり、もう一方の極に、トランセンデンタリズムの資本主義批判、森の生活、三角形が対峙していたのである。近代という時代は、そのような構造を有していた。

「（幼稚園では）碁盤目のテーブルがあった。この〝ユニット・ライン〟の上で、私はとりわけ滑らかな楓の木のブロックで作られた四角（立方体）や、円（球）や、三角（四面体または三脚台）で遊んだ。深紅の厚紙の六〇度―三〇度の三角形で、短い辺が二インチ、そして片面は白色、私の想像から生まれたパターン――デザイン――は、およそこのような滑らかな三角形の部分であった」（『ライトの遺言』*）と、ライトは三角形に関心をもった原初的体験を述べている。そして教育者であった母から幼い頃に与えられた、ドイツの教育家フリードリッヒ・フレーベル（一七八二―一八五二）の遊具を、「滑らかな形のよい楓の木片を積み上げる、その感触はその後決して指から消えることがなかった」（『自伝――ある芸術の形成』*）と振り返る。

フレーベルの遊具は、四角形の幾何学をベースとする立方体、直方体だけで構成された通常の積木とは違って、多角形や球のブロックを含んでいた。それがいかにライトにとって意味を持っていたかは、この言葉からも窺い知ることができる。まさに三角形という点の感触は、ライトの指先に生涯残り続けたのである。

松葉の原理の成長するTSUMIKI

フレーベルの遊具において、三角形は重要な役割を果たしていたが、僕は一歩踏み込んで、すべてが三角形で構成されているというユニークな積木のデザインを試みた（二〇一五年）。

音楽家の坂本龍一が代表を務め、日本の森の再生を目的とする一般社団法人 more trees から、日本の木を使って、新しいタイプの積木をデザインしてくれと依頼されたことがきっかけ

図 58　フレーベルの遊具

だった。立方体、直方体を基本単位とする通常の積木は、西欧の伝統的建築工法である、石やレンガを積み上げていく組積造という工法を、木のブロックへと翻訳したものであり、積み上げていった結果がどうしても重たくて固いものになってしまう。新しい時代の子どもを育てるために、根本から考え方を変えて、もっと軽やかで透明感のある積木を作りたい。そうやってできあがったのが、三角形を単位とし、宮崎県諸塚村の美しい杉を材料とする、TSUMIKIである。

TSUMIKIは四角を三角にしただけのものではない。フレーベルの遊具(図58)には三角形のブロックが入っているが、あくまでソリッドなブロックであって、それを積み上げていっても、軽く透明なものを作ることはできない。僕らは、七ミリ厚の薄い杉の板で、松葉のような形を作った。「積む」のではなく、「組む」積木、「編む」積木である。

組むという行動を誘発するために、板の端部に三角形の切込みを入れた(図59)。単位となる松葉の形のユニットは、単に上に向かって積むだけではなく、縦へも横へも組み、編んでいけるものとなった。すなわちこのTSUMIKIは、単に透明感があるだけではなく、「積む」という退屈な行為自体を否定しているのである。西欧の建築的伝統の根底にある「積む」という形式を否定し、編むことの楽しさ、醍醐味を、子ども達に体感して欲しいと考えたのである。編むことは、積むことよりもはるかに自由な行為であり、人間の精神と身体は、はるかに自由にしなやかにふるまうことができる。

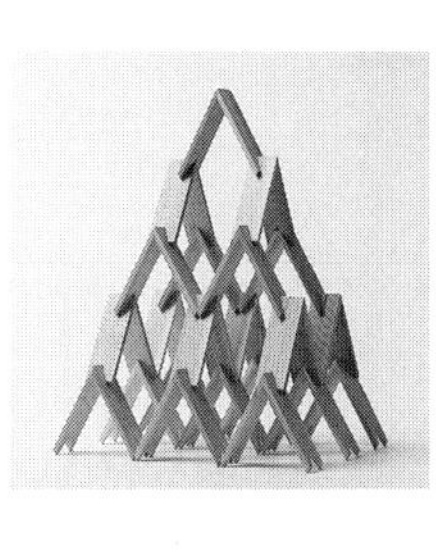

図59　TSUMIKI，2015年

通常の点は孤立していて、まわりとつながりにくい。だから、点をつなぐためには、レンガを積む時のように、接着剤(たとえばモルタル)を用いて、ひとつずつ積み上げていくという方法に頼らなければならなかった。その接着剤の粘着力によって、点は塊、すなわちヴォリュームになってしまう。逆に、TSUMIKIの点は、塊のように重たく鈍重なものにはならず、軽やかに独立したままで、しかもどちらの方向に向かってもつながっていける、自由でフレンドリーな点なのである。

それは点の中に、線の要素を埋め込むという操作によって可能になったといってもいい。組積造的な点であったウォーター・ブロックに、線の要素を埋め込むことによって、ウォーター・ブランチが誕生した。より自由に、より世界とつながりやすいものに変身した。TSUMIKIもまた、線を内蔵することで、大きな自由を獲得したのである。

さらに三角形という原理を導入したことで、TSUMIKIはウォーター・ブランチにはない軽やかさを獲得している。正確にいえば、それは完結する三角形ではなく、枝のように分岐する松葉であり、その意味で、TSUMIKIは、ウォーター・ブランチ以上に、ブランチ(枝)的であり、システムとしてより開かれている。

カード・キャッスルを可能にしているのも、三角形の原理だが、自然界では、枝のような分岐が、細胞のような小さなスケールにおいても、あるいは木の枝や、もっと大きな地形のようなものの中にも、しばしば発見できる。ライトは自然界の原理に着目して、三角形の必要性を指摘したが、僕は三角形というより、ブランチ型、松葉型という名前を使いたい。そう呼び換えることで、この形態に潜む原理をより深く理解することができる。ブランチは、つながる原理であると同時に、生物が成長し、変化することの基本的な原理でもある。だからこそ、ブランチの三角形の中に、自然の本質が隠れているのである。

市松模様が作る点

石をヴォリュームから救出するために、様々な試みを重ねてきた。石の美術館ではポーラスな組積造に挑み、カード・キャッスルでは石を薄くすることで、線にすることに成功した。しかしどちらも、点と呼べるほどにパラパラしているわけではない。石を用いながら、究極の点へと到達できたのが、ロータス・ハウス(二〇〇五年)(図60)である。

図60 ロータス・ハウス, 2005年

クライアントは、葉山の森の中のヴィラを、トラヴァーチンというローマ産の石で作って欲しいと依頼してきた。プランやデザインにあまり口出しをしない人だが、トラヴァーチンで作ることにはこだわりたいというのである。トラヴァーチンはローマ近郊のチヴォリの石切場で採れるものが最も有名で、古代ローマ建築にも多く用いられ、サン・ピエトロ寺院をはじめとするヴァチカンの建築群も、多くはトラヴァーチンで作られている。二〇世紀には、ミース・ファン・デル・ローエが、モダニズム建築の傑作、バルセロナ・パヴィリオン(一九二九年、本章図7・図8参照)の基壇部分にトラヴァーチンを用いたことで知られている。

図61　ロータス・ハウスのトラヴァーチン製のスクリーン

トラヴァーチンは多孔質な石で、小さな点状の穴が無数に開いている。質感は嫌いではないが、石は質感にかかわらず、重たいヴォリュームと化しやすい。どうやれば、この危険な物質を、軽やかなものへと転換できるだろうか。

僕はまず石を薄くスライスして、光や風を通す、軽やかなスクリーンを作ろうとした。まずストライプ状のパターンを試したが、なぜか軽やかさが今ひとつであった。これまで、僕は薄い木の板で、ストライプ状のスクリーンを何度も作ってきた。しかし、木のストライプだと軽さを感じるのだが、石を同じ寸法に切ってスクリーンを作ると、途端に、重たい感じになってしまって、軽さや透明感が失われてしまう。形と寸法は同じでも、材料を変えた途端に、別のものになってしまうことは、建築の世界でよく起こる。同じ形状の線、点が、別のものになってしまう。物質と人間との関係というのは、それほどに微妙である。人間の知覚は、物質というもの、そしてその肌理に対して、直接的に、身体的に反応してしまうのである。

そこで発想を変えて、ストライプではなく、薄い石をチェッカー（市松模様）のパターンで、取り付けることを試みた。原寸で壁のサンプルを作ってみると、不思議なことに、開口率は同じ五〇パーセントなのに、ストライプのパターンとは全く雰囲気の違う、うきうきするような、軽く、透明なスクリーンが誕生したのである。トラヴァーチンでできた軽やかな点が、花びらのように空中を舞っているようだった（図61）。そしてこの家をロータス・ハウスと呼ぶことにした。建物の前面の池に咲く蓮の花びらと、トラヴァーチ

図62　アオーレ長岡，2012年
図63　断面的にもジグザグの壁

ンでできた石の花びらが、ひとつの歌を歌っているように感じられたからである。

この市松のパターンは、アオーレ長岡（二〇一二年）の外壁にも登場することになった（図62）。アオーレ長岡は中庭型の珍しい形式の市役所である。雪国の冬でも、みんなで集まる広場が欲しいという市民の声を採り入れて、屋根付きの中庭を囲むように、庁舎とアリーナを配置した。この中庭をナカドマ（中土間）と呼んだ。石が敷きつめられた、固くてフォーマルなヨーロッパの広場のようではない、新しいタイプの公共空間を作りたいという想いで、市民と一緒にナカドマを設計した。日本の農家の土間の床は、三和土と決まっている。土と石灰を混ぜて突き固めた床が三和土と呼ばれる仕上げで、暖かくて、少し湿った独特の質感がある。

そんなナカドマを取り囲む壁には、どんな素材がふさわしいだろうか。もちろん、コンクリートでも石でもアルミでもなく、地元の木がふさわしいと考えた。しかも、地元の山からは、質のいい越後杉がとれる。

しかし、市役所は住宅ではないから、壁面の高さはおおよそ二〇メートルにもなる。それだけの大きな壁面をべったり木で貼ってしまうと、逆にのっぺりして、あつ苦しい感じになってしまう。木は近くで見ると、まるで生物のようなのだが、大きなナカドマに立って高い壁を見上げると、木目もバラツキも感じられなくなり、ただの茶色の重たい壁としか感じられなくなってしまう。

そこで、遠くからでも、木を木だと感じさせるために、何枚かの木の板をまとめてひとつの単位を作り、その単位となるパネルを市松状にパラパラと配置することにした。すなわち、木の面を作るのではなく、木でできた点を、パラパラと浮遊させたのである。さらに、パネルを壁に対して取り付ける角度も交互に変えて、ジグザグにした。一段ずつ、角度を変えている（図63）。すなわち、断面的にもジグザグ状の壁を作ることで、点の浮遊感を高めたのである。

この時、パネルの大きさ、すなわち点の大きさの決め方が一番難しい。点が全体の空間に対して小さすぎると、点であることが消えてしまい、のっぺりとした面に戻ってしまう。逆に点が大きすぎると、ひとつの点が自己主張してしまって、空間全体の軽やかさを壊してしまう。ちょうどいい大きさの点をばらまいた時にはじめて、点本来の、うきうきするような軽やかさ、透明感が生まれてくる。

線路の砂利という自由な点

点の大きさについて、大きなヒントを与えてくれたのは、鉄道の枕木の下に敷かれた砂利の寸法にまつわる研究である。鉄道のレール、枕木、砂利とが重層することで、車体の荷重は分散され、大地というやわらかなものに、ダメージを与えることがない。レールにおいては、まず線状の鉄がしなることで荷重を分散し、その力が枕木という線に伝達され、枕木にかかった荷重は、その下に敷かれた砂利によって分散される。その階層的な力の分散によって、地面は窪んだり、裂けたりすることがない。

ここで重要なことは、砂利が接着されることなく、それぞれの砂利が自由に動き、自由にずれることである。砂利が拘束された点ではなく、自由な点であることによって、砂利の山全体が、クッションの役割を果たしているのである。

この自由を保証するのが、砂利の大きさである。枕木の下に砂利の代わりに砂を敷くと、砂という小さすぎる点の集合体は、力を分散させることができず、荷重は集中してしまって、地面にダメージを与える。経験の積み重ねによって、最も適切で経済的な点の大きさ、すなわち砂利のあの大きさに到達したのである。

このエピソードは、自然と建築の関係を考える上で、大きな示唆を与えてくれる。大地という自然と、車体に乗っている人間との間に、様々な点と線とが介在し、その二つをスムーズに、そして階層的につなげている。建築もまた同様にして、自然と人間をスムーズにつなげるものでなければならない。枕木の下に敷かれた砂利が理想である。その砂利のように、一見、自由でゆるやかでありながら、実際には見事なクッションとして、その二つをつなぐ建築を作ることができないだろうか。コンクリートのようにガチガチのものを介在させるのではなく、様々な自由な粒子を媒介として、この小さくてやわな身体を、自然という大きなものにつなげていきたい。民主主義的な建築があるとしたならば、線路の砂利のようなものではないかと、僕は考える。あのように自由で、あのようにしなやかなものである。

市松模様と倹約

アオーレ長岡の市松状の壁が完成した時に、地元の郷土史の研究家から、おもしろい話を聞いた。長岡藩は、質実剛健の気風で知られる。戊辰戦争で城下が焼け野原になり、三根山藩から米百俵が見舞いとして送られてきたときにも、それを売却し、その分の金とエネルギーを子弟の教育に向けたことで有名である。この米百俵のエピソードは、この藩独特の精神文化を、よく伝えている。

図64 「長岡城之面影」「十二月歳暮御祝儀諸士一列にて拝謁の図」楨神明宮蔵

その長岡藩の城では、襖に大きな絵を描かず、小さな絵や模様を描いた小さな紙を、市松のパターンで襖に貼り付けていたというのである(図64)。

そうすれば、紙一枚が汚れたり、傷んだりしても、その一枚だけを取り替えればいい。大きな絵や模様が描かれていると、隅に小さな汚れがついただけで、襖一枚まるごと貼り替えなければならない。そんなもったいないやり方は、質実剛健の精神にそぐわないということで、長岡城の襖は、小さな紙を市松模様に貼り合わせたものだった。

市松模様は倹約の精神と深くつながっていた。そういわれてみると、僕らがデザインしたアオーレ長岡の木の壁も、倹約と深い関係がある。べたっと壁全面を木で貼った場合に比べて、市松状に貼れば、必要な木の量は半分で済む。時間がたって木が汚れ、変色した時にも、雨風にさらされて、色が変わったものから、一枚ずつ取り替えることができる。一枚一枚の木が、市松模様のパターンによって、切り離され、全体がパラパラした点の集合になっているから、その中の一枚が新しいパネルに取り替えられたとしても、全然気にならないわけである。パラパラとした点であることは、倹約、節約のためにも大きな効果がある。点とはきわめてサステナブルでフレキシビリティの高いデザインだったのである。

離散性とサハラ砂漠

市松模様のような、点がパラパラと浮いているような状態を、離散的状態と呼ぶことがある。僕の恩師である建築家の原広司(一九三六―　)は、そもそも数学で用いられていた離散という言葉を建築の世界に持ち込んだ。原先生は、教鞭をとっていた東京大学の学生と、世界の辺境の集落を調査し、その配置を図面化し、そこから未来の都市、未来の建築のヒントを得ようと試みていた。

その集落研究で、原先生は数学的手法の建築への応用を試みた。これは、レヴィ=ストロース(一九〇八―二〇〇九)が、その文化人類学的調査において、数学から多くのヒントを得たことに倣ったのかもしれない。集落とは魔術的なほどに魅力的である。生の生活と家族があり、生き生きとした建築が存在している。もし、数学のような客観的な武器を持たずにそこに乗り込

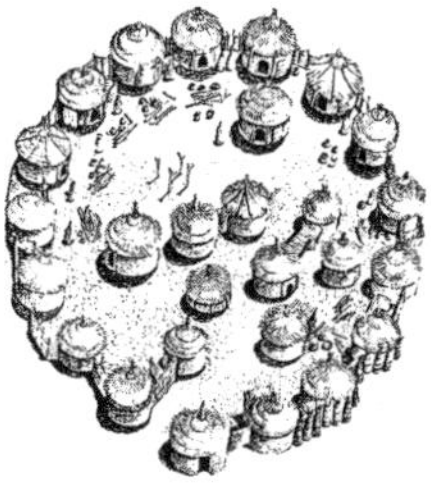

図65　ブルキナ・ファソ，ボグーの集落，コンパウンド住居の様子
図66　ブルキナ・ファソ，ボグーの集落，俯瞰図

んでいくと、たちまちその魅力に捕えられ、理性を失ってしまうことを、レヴィ＝ストロースも原先生も警戒していた。

　学生であった僕らと原先生は、一九七八年の冬、西アフリカ、サハラ砂漠周辺の集落を、二か月かけて共にジープで旅し、調査した。旅の途中、原先生はさかんに離散という言葉を使った。サハラ周辺の集落は、小屋が隙間をあけながら集合する、コンパウンド住居という形式で知られている（図65・図66）。この地域では一夫多妻制が一般的な婚姻形態であり、夫はそれぞれの妻が住む小屋を日ごとに廻って、その中の一軒で食事をして、妻と子ども達と泊まる。それぞれの妻に付属する小屋が、中庭を中心として、ゆるやかに雑然と集合する形態を、原先生は離散的集落と呼んだ。

　点と点とが距離を置いて、ゆるやかに雑然と集合している状態が離散的であり、その対極にあるのが、点と点が密着して、隙間のない状態である。離散的状態こそが、人間関係の理想であり、すべての点が密着した状態の究極がファシズムではないかと、砂漠を旅しながら僕らは議論した。未来の建築は、サハラのコンパウンドのように、離散をめざさなければいけないと、砂漠の中で、火を囲みながら、僕らは語りあった。

　離散的なものへの憧れ、すなわち点への関心が、このサハラの旅で、僕の心の中にめばえた。離散という数学の概念を用いて建築を考え始めると、数学や量子力学が、建築を考える上での、大きな武器になることを実感した。離散数学は、現代の数学の中の重要な分野であり、世界を連続体ではなく、パラパラとした粒子的なものと捉えた途端に、世界の新しい貌(かお)が見えてくることを、僕は数学から教わった。

離散は単に建築の平面的な配置に関わるだけではなく、素材もディテールも、建築のすべての領域に適用できる概念であった。そして、離散とは、点の別名に他ならない。

線

コルビュジエのヴォリューム、ミースの線

二〇世紀の建築史は、ヴォリュームと線との、抗争の歴史であったと見ることもできる。二〇世紀初頭に建築の世界に革命をもたらし、モダニズム建築をリードした二人の巨匠、ル・コルビュジエとミース・ファン・デル・ローエは、それぞれヴォリュームと線を体現し、この時代の建築デザインの二つの極相を見せてくれる。

人口と経済の爆発が要求する巨大なヴォリュームを、安価にスピーディに獲得するためには、柱と梁、すなわち垂直の線と水平の線とを組み合わせた立体格子が、最も効率的な解法であった。石やレンガなどの小さな点を、ひとつずつ丁寧に積み上げて作る伝統的な工法――組積造――に代わって、柱、梁という線的な要素を組み合わせる線の工法が、二〇世紀以降の近代社会のデフォルトとなったのである。

コンクリートで曲面を作るシェル構造やドーム構造も、二〇世紀に開発されたが、体育館や教会のような閉じた形態を持つ特殊な建築向きの、特殊な解法であって、二〇世紀の一般的な建築は、線を組み合わせる立体格子に頼った。

その立体格子の時代の中で、コルビュジエはあえて、コンクリートを用いたヴォリュームの表現を極めた。建築をヴォリュームとしてデザインすることで、この時代のリーダーたらんと

図1　ロンシャンの礼拝堂，設計：ル・コルビュジエ，1955年
図2　桂離宮，17世紀

したのである。「建築とは光の下に集められた立体(ヴォリューム)の蘊蓄であり、正確で、壮麗な演出である」(『建築をめざして』*)と彼は建築を定義し、ヴォリュームへの情熱を告白する。二〇世紀以前の西欧を支配した、古代ギリシャ・ローマ以来の古典主義建築が、オーダーと呼ばれた柱=線の建築であったことへの反発が、コルビュジエを線から遠ざけ、ヴォリュームへと向かわせた。二〇世紀が巨大ヴォリュームそのものを必要とするのなら、そのヴォリュームをストレートにコンクリートで表現しようというのが、コルビュジエの、潔い戦略だったわけである。建築はヴォリュームであると定義した途端に、建築がよくいえば自由になり、悪くいえば暴力的になる。コルビュジエは、ヴォリュームの特性を熟知し、ヴォリュームを使い倒し、時に暴力的造型を厭わなかった。

コルビュジエのヴォリューム指向は、晩年にはさらに過激化し、最終的にはロンシャンの礼拝堂(一九五五年)(図1)やインドのチャンディガールの新都市建設(「方法序説」図10参照)のような、「ヴォリュームのアート」へと建築を昇華させた。今までの建築が到達したことのない自由を、コルビュジエはヴォリュームの力を借りて、実現したのである。

彼が桂離宮(図2)を案内され、「線が多すぎる」とはき捨てるようにつぶやいたという先述のエピソードは、ヴォリューム派の彼が、圧倒的な線の建築を見せられた時の、当然の反応で

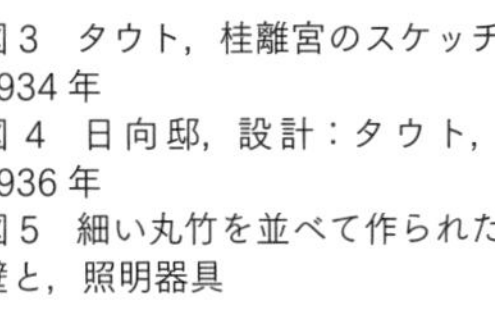

図3　タウト，桂離宮のスケッチ，1934年
図4　日向邸，設計：タウト，1936年
図5　細い丸竹を並べて作られた壁と，照明器具

あった。一方、ドイツ表現主義建築を代表するブルーノ・タウト（一八八〇—一九三三年の彼の誕生日、五月四日に桂離宮を案内され、「生涯で最良の誕生日」と書き残し、実際に滂沱の涙を流した。

タウトは、コルビュジエやミースのような評価を受けることがなく、時代を牽引するリーダーともならなかった。タウトは、二〇世紀そのものに背を向けていたように感じられる。コンクリートのヴォリュームに背を向け、鉄骨の武骨な線にも背を向け、頼りないほどに繊細な桂離宮の木の線に、心を奪われてしまったからである（図3）。それほどに、繊細で傷つきやすい人間であり、建築家であった。タウトが日本に残した唯一の住宅作品、日向邸（一九三六年）（図4）には、彼が好んだ繊細な線が溢れている。細い丸竹を無数に並べ壁を作り、同じく細い竹を編んで漁り火をモチーフとした不思議な照明器具をデザインした（図5）。アメリカ流の鉄骨の線、工業の線に憧れていた当時の日本人は、タウトの繊細で自由な線を全く理解せず、彼は失意のうちに日本を去った。

もう一人の二〇世紀の巨匠ミースは、コルビュジエとは逆に、ヴォリュームを避けて、線を極めた。ミースはタウトのようなロマンチストではなかったので、金属とい

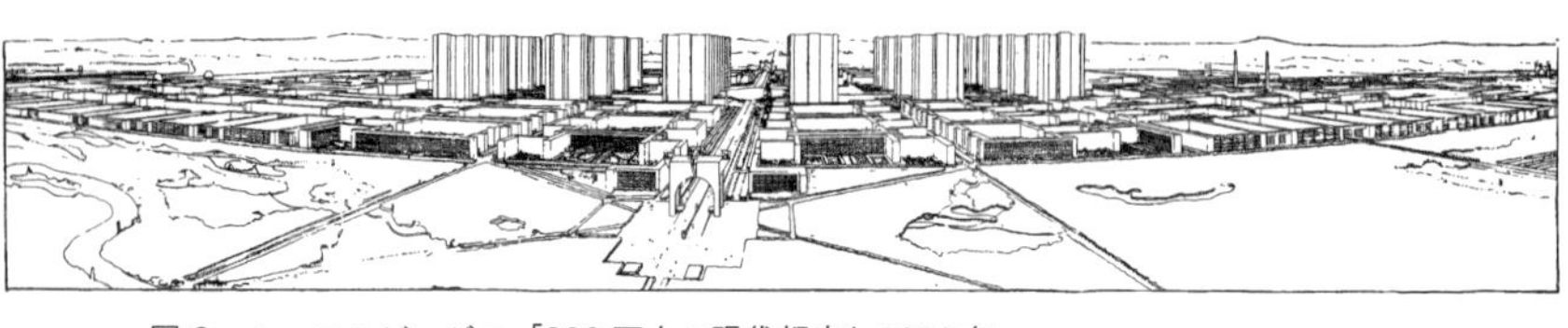

図6　ル・コルビュジエ「300万人の現代都市」1922年

う二〇世紀的な素材を用いて、美しい線を描くことを極めた。金属の線をあらゆる場所で反復し、二〇世紀という時代が必要とした超高層ビルの巨大なヴォリュームを、隠蔽し、空に融かしていった。ミースは巨大なヴォリュームを、線によって処理する方法を発見したことで、二〇世紀のチャンピオンとなったのである。

その美しい線を作るためには、アメリカの工業力が必要であった。ミースはその工業力を味方とするために、アメリカに移住したのではないかとさえ、勘ぐりたくなる。戦前のドイツでバウハウスの校長まで務めたミースは、ナチスに追われて、一九三八年、アメリカに移った。第二次世界大戦後、ドイツに帰る選択肢があったにもかかわらず、ミースはそのままアメリカに残った。当時のアメリカが、線で覆われた巨大ヴォリュームを最も必要とし、その工業力だけが、ミースの美しい線を実現してくれたから、彼はアメリカに残ったのである。

その意味でいえば、ミースにとって、二〇世紀とは決定的にアメリカの時代であり、ミースはそれを否定せず、それに乗じた。一方、コルビュジエはアメリカに渡ることをせず、ヨーロッパという場所にとどまり、アメリカ的なるものを否定し続けた。コルビュジエは超高層ビルに関心がなかったわけではない。三〇〇万人の現代都市(一九二二年)(図6)、ヴォアザン計画(一九二五年)(図7)、輝く都市(一九三五年)をはじめとし、超高層が乱立する、乱暴ともいえる都市改造プロジェクトを繰り返し発表した。コルビュジエは真剣に超高層を設計したいと望み、当時のフランスの知識人は、パリを壊してまで超高層を建てようとしたコルビュジエを冷笑し

図7　ル・コルビュジエ「ヴォアザン計画」1925年

た。フランス人から見れば、パリを超高層で破壊しようとするコルビュジエは、スイスの片田舎からやってきた、アメリカかぶれの変人に見えたのかもしれない。

しかし一方でコルビュジエは「ニューヨークの摩天楼は小さすぎ、そして多すぎる」と批判した(『伽藍が白かったとき』*)。巨大ヴォリュームは大いに結構であるが、工場で作った金属の単調な線でヴォリュームを隠蔽するような、アメリカ流、ミース流のごまかしを、コルビュジエは欺瞞と見做したのである。

コルビュジエはフランスで超高層を実現することもなかったし、またアメリカにも受け入れられなかったが、その代わりに、彼はフランスともアメリカとも全く異なり、全く対照的な場所、インドへと向かった。一九五一年からインドの新都市チャンディガールの計画に携わり、高齢をものともせず、計二三回、灼熱の現場を訪れている。インドという場所では、線を用いてヴォリュームを化粧するアメリカ的なコスメティック、隠蔽は、全く無効であった。当時のインドにはまっすぐな線を作る技術など存在しなかった。コンクリートで作った荒々しいヴォリュームを、赤い大地の上に投げ出すしかない。その赤い大地の上で、二〇世紀のアメリカとは対極的な方法を、コルビュジエは発見したのである。

インドとの格闘は、コルビュジエ自身にとって大きな出来事であっただけではなく、その後の世界の建築デザインに決定的な影響を与えた。ブルータリズム(野性主義)と呼ばれる、荒々しいコンクリートの表現は、チャンディガールがきっかけとなった。ブルータリズムは日本の戦後の建築にも大きな影響を与え、木目のきつい杉板型枠で打設した荒々しいコンクリートは、戦後の一時期、日本の公共建築の制服になった。

幾何学に支配された美しい白い箱＝サヴォア邸に代表される前半生のコルビュジエ以上に、後半生の野蛮なコルビュジエは、二〇世紀に大きな影響を与えたと、僕は考える。なぜならば、どんな荒々しい大地にも建築を建ち上げられることを、コルビュジエはチャンディガールで示したからである。インドの赤土の上にも現代建築が成立しえることを示して、コルビュジエは、どんな大地の上にも、現代の人間が、力強く生き生きと生活できることを示した。それは世界のすべての場所に希望を与える、希望の建築であった。ミースのアメリカ崇拝とは対極の方法であった。

前半生のコルビュジエがリードしたモダニズム建築は、世界を画一化しようとする工業化社会の、インターナショナル建築であった。一方、後半生の彼の建築は、世界の多様化の途を示し、世界のすべての場所に希望を与えた。インターナショナルではなくワールド・アーキテクチュアであった。僕はコルビュジエのコンクリート建築をたびたび批判してきたが、チャンディガール以降のコルビュジエからは、様々な形で影響を受けた。チャンディガールには、二〇世紀を超える何物かが、存在していた。

図8　香川県庁舎，設計：丹下健三，1958年
図9　日本の伝統木造の断面

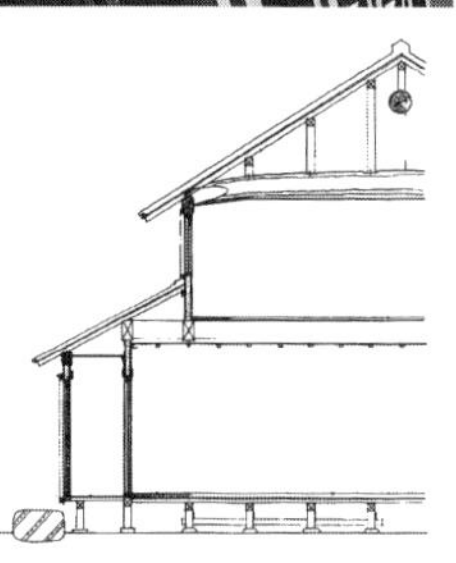

チャンディガールのコルビュジエとは全く別のやり方で、多様性の途、大地とつながる途を探ったのが、日本の丹下健三(一九一三―二〇〇五)であった。彼は、コルビュジエともミースとも別の方法を用いて、アメリカ流、工業化社会流の線の建築を、超えようとした。

丹下はそのヒントを、日本の伝統建築から得た。香川県庁舎(一九五八年)(図8)では、コンクリート製の柱と梁を、接点をずらしながら組み合わせた。すなわち二つの線を、一点で交わらせずに、ずらして接合したのである。

日本の伝統木造建築では、しばしば線と線を、ずらして組み上げる(図9)。いわば、材木という線の上に、もう一本の材木をそっと載せる。ずらすことによって、材木に欠き込みを入れる必要がなくなり、その結果、断面の欠損が起こらないので、一本一本の材木すなわち線の強度を保つことが可能となる。しかも接点はずれていても、力はスムーズに伝達されることを、日本の大工は経験的に理解していた。日本の木造はずらしの木造であったといってもいい。

線と線とが一点で交差する、西欧流のカルテジアン・グリッド(デカルト流の直交グリッド)(図10)とは別のやり方で、線が編まれていたのである。西欧の近代数学と工学のベースになっていたのは、きまじめなカルテジアン・グリッドである。しかし、接点をずらすことで線はより軽やかに自由になり、空間に動きが生まれることも、日本の大工は知っていた。そしてずらしによって、線材と線材とが分節され、線が面とならずに線のままにとどまり、軽やかさ、透明感が生まれてくることも、大工は熟知していたのである。カルテジアン・グリッドが図式的で、幼稚な幾何学に依拠していたのに対し、日本のずらしの木造は、経験主義的であり、しなやかであった。

丹下もまた、線のずれの効果を知っていた。日本の伝統木造建築の、接点のずれたディテールを、丹下はコンクリートに翻訳した。コンクリートを用いても、コンクリートのヴォリュームの中に埋没しない、自立した軽やかな線を描けることを、丹下は香川県庁舎で証明した。

さらに続けて、東京オリンピック（一九六四年）のためにデザインされた国立代々木競技場では、巨大なコンクリートの垂直の線が、大地から天に向かってまっすぐに立ち上げられ、その二本の巨大な柱から、スチール製のケーブルが吊られる。ケーブルの線はコンクリートの線とは比較にならないくらいに細く、しかも重力を受けて美しくカーブし、人々を圧倒した。丹下は一気に「世界のタンゲ」となった。コンクリートでは決して達成できない細く美しい線が、ミースが超高層に貼り付けたアメリカの工業力の直線とも異なる美しくしなやかな線が、丹下によってはじめて引かれた。吊り橋などの土木構造物でしか用いられることのなかった鉄製のやわらかいケーブルを、あえて建築に使うことで、二〇世紀の建築の歴史の中に、生き物のような自由な線が出現したのである。

代々木競技場では、二本の柱の間に梁を渡されたメイン・ケーブルから、さらに繊細な細いケーブルが分岐し、べたっとした面となりがちな屋根が、線の集合体として再生された。それ

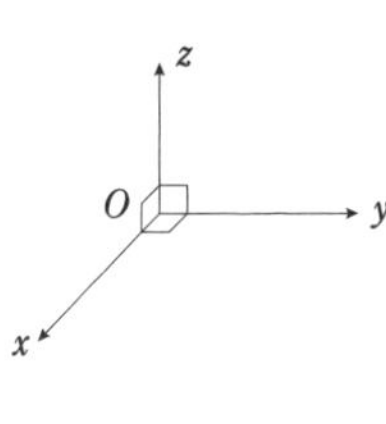

図10　カルテジアン・グリッド
図11　桟瓦屋根，池原家，江戸時代

図12　国立代々木競技場(国立屋内総合競技場)，設計：丹下健三，1964年

は日本の屋根の歴史に、新しい一ページを開くものでもあった。丸瓦と平瓦を一体化した桟瓦(図11)の発明以降、日本の屋根から美しい線が失われた。さらに、西欧からフラット・ルーフが輸入され、日本の景観の基本であった屋根の美は、消えていった。丹下はオリンピックというハレの舞台で、日本の屋根を取り戻し、屋根の線を取り戻すことに成功したのである(図12)。

線からヴォリュームへと退化した日本建築

しかし代々木競技場の後、すなわちオリンピックという祭りの後、日本建築は再び、線を失っていった。すべての建築をケーブルによって解くことはできないからである。ミースが超高層ビルに用いたシャープな線以上に、ケーブルで吊られた屋根は高価であった。オリンピックという世紀のイベントのための、例外的な坪単価(コスト)の、特殊な競技場だからこそ、ケーブル構造が可能となり、線は美しく舞うことができた。

一九六四年の祝祭の後の日本建築は、線の建築からヴォリュームの建築へと転換した。あるいは退化した。坪単価においても、プログラムにおいても、「普通の建築」に適した「普通の解法」が祭りの後の社会から要請されたのである。

東京だけではなく、津々浦々の地方都市にも、大量の「普通の建築」を建てなければならないという、高度成長期の社会の要請があった。建築を建て続けることで経済を廻し、政治を廻

図13　群馬県立近代美術館，設計：磯崎新，1974年

すという「土建政治」システムが、オリンピック以降、本格的に、稼働を始めたからである。公金をおしみなく注ぎ込んで、「普通の建築」を建てることをエンジンとして、政治、経済をはじめとする、日本のすべてが廻りはじめた。そのシステムがしっかりと廻り続けるためには、「普通の建築」に、周囲に埋もれない、しっかりとしたアイデンティティを与えなければならない。公金をつぎこんだことを正当化する、はっきりとしたキャラクターが必要とされた。ヴォリュームの集合体にならざるを得ない「普通の建築」に、環境に埋もれない、誰にでもわかりやすい個性を持ったより普遍性のあるデザインが求められたのである。

代々木競技場のような、天才によるアクロバティックな線のダンスではなく、もっと堅実で確実に建築にアイデンティティを付与するシステマティックなデザインを社会が必要としたのである。その要請に見事に答えたのが、丹下健三の二人の弟子、磯崎新と黒川紀章であった。その二人の名前がここで挙がって、意外だと思われる読者も多いだろう。二人は共に、堅実ともシステマティックともほど遠い、強烈なパーソナリティを持つ、芸術家として知られたからである。

しかし、作品を冷静に分析すれば、彼らが線ではなく、ヴォリュームの建築家であったことが見えてくる。彼らは幾何学を巧妙に駆使して、コンクリートの重たいヴォリュームを整え、そこに、強いキャラクター、アイデンティティを与えていったのである。

磯崎はキューブ(立方体)を用いて通常のコンクリート建築を統制し、特殊な記念碑へと仕立

図14　クロード＝ニコラ・ルドゥー「パナレテオン」．典型的なキューブの建築

て上げた(図13)。キューブとは、古代ギリシャ・ローマの伝統を継承する、ヨーロッパの古典主義建築の中心的手法であった(図14)。ヨーロッパの建築家達は、ギリシャ伝来のプラトン幾何学を用いて、鈍重になりがちな組積造建築を、光り輝く記念碑へと転換してきたのである。磯崎は、その西欧ゆずりの強力な武器を用いて、コンクリートの鈍重な塊を、象徴的な記念碑へと転換してみせた。

一方の黒川は、磯崎に対抗して、円錐という幾何学的形態を多用し、同じように、ヴォリュームにアイデンティティを与えた(図15)。黒川は、メタボリズムのカプセル建築で、一度挫折を経験した。その挫折の後に、ギリシャ・ローマ以来のプラトン立体へと回帰し、保守化して社会に受けいれられたのである。

プラトン立体で制御された磯崎流、黒川流のヴォリュームは、たちまちにして、あらゆる建築家、建築設計事務所、建設会社設計部の手本となった。なぜなら、プラトン的ヴォリュームこそ、最も模倣しやすく、最もコスト・パフォーマンスのよいシステマティックな方法だったからである。この方法で作られた建築は、しばしばハコモノと揶揄された。ハコモノという命名は、ヴォリュームという方法の本質を突いた絶妙のネーミングである。高度成長期の社会、政治、経済システムと、建築デザインとの共謀を言い当てた、見事なネーミングであった。ポスト丹下の日本現代建築は、このようにして線を捨て、ヴォリュームへと退化し、安易な量産体制へと走ったのである。ハコ化によって政治、経済と併走したのである。

図15　愛媛県総合科学博物館，設計：黒川紀章，1994年

木の小屋からの出発

　僕自身が建築を学びはじめた一九七〇年代の後半は、まさにハコモノ全盛の時代であった。磯崎と黒川が、そのハコモノへの流れのリーダー、プロパガンダとして輝いていた。彼らは華麗な言説で、ハコモノを正当化して、建築界のスターとなった。木造建築の新しい可能性を探る内田祥哉（よしちか）教授（一九二五―　）、辺境の集落研究で知られる原広司教授に僕が惹かれ、彼らの下で学ぼうと思ったのは、コンクリートの重たく閉じたヴォリューム感に対して、体質的に違和感を覚えたからである。内田先生が語る日本の木造も、原先生が虜となった辺境の集落も、ヴォリュームの時代とは全くなじまない異物であった。それらは乱雑な線の集合体のように見えて、ハコモノから最も遠い、自由でアナーキーな異物に感じられた。

　僕が生まれ育った家は、戦争の直前に、母方の祖父が建てた木造の小さな家であった。大井で医者をしていた祖父が、唯一の趣味である畑仕事用の作業場として、当時は駅を降りればすぐに田んぼと畑の広がる東急東横線の大倉山駅近くに建てた、小さく粗末な木造の小屋である。ほとんどの部屋に畳が敷いてあり、部屋と部屋は壁ではなく襖で仕切られていた。冬は木製サッシから吹きこむ隙間風で寒かった。和風建築などという洒落たものでは全然なくて、玄関の作業用の土間が無駄に大きいだけの、木と土と紙の小屋だった。土壁はひびだらけで、壁は割れ、落ちた土の粉のせいで、畳はいつもザラザラしていた。

図16　サハラ砂漠調査旅行．左から，藤井明，佐藤潔人，著者，竹山聖，原広司．撮影者：山中知彦

その小屋が僕に植えつけてくれた、こぢんまりとしたスケール感覚、隙間だらけのスケスケ感を基準にして、僕のまわりの現実を眺めた時、六四年以降の日本建築の制服となったコンクリートの大きなハコモノは、耐えがたいほどに、重たく、威圧的であった。

大学で建築学科に進むと、この違和感はいよいよ強くなった。コルビュジエやミースのモダニズム建築を崇め続ける当時の建築教育は、僕にとって苦痛でしかなかった。

ガウディの線

先述の通り、一九七八年の冬、原先生と共に、二か月のアフリカ集落調査の旅に出た(図16)。四輪駆動車を二台、船でバルセロナの港へ送った。冬の期間の地中海は、シロッコと呼ばれる南からの季節風が強すぎて、アフリカの対岸、スペインにしか、コンテナ船がつけられなかったからである。

その風のおかげで、バルセロナでガウディ(一八五二—一九二六)の実物をはじめて見ることができた。実物を目のあたりにして、ガウディの印象が変わった。コンクリートの重たいヴォリュームに、ランダムに割ったタイルを貼った造形(図17)の印象が強すぎて、ガウディはヴォリュームの人に見え、敬遠していた。しかし実際のガウディの作品は、細く繊細な線で満たされていた。特に、鋳鉄の造型が美しかった。父親が銅細工の職人であったというだけのことはある。金属を用いたディテールが繊細で、コンクリートにタイル貼りのガウディというイメージは崩れ去った。中でも気に入ったのは、実際のヤシの葉から型をとったという透明感のあるスクリーンであった。ヤシの葉の線の、細さと鋭さが圧倒的であった(図18)。

植物という存在が、線の原理の根底にあることを、ガウディは直感的に理解していたのである。植物は線によって地中から水を吸い上げ、葉まで運ぶ。線によって体を支え、体を維持する。植物とは線の集合体であった。アール・ヌーヴォーからガウディに至る世紀末の建築家たちは、そのようにして植物に惹きつけられ、石とレンガによるヴォリュームの建築に代わって、繊細な線の建築を作りはじめた。

しかし、次の世代のミースを境にして、植物の線は失われ、アメリカの工業の線に取って代わられたのである。僕は工業の線から、植物の線へと戻ろうとしているのかもしれない。ガウディやアール・ヌーヴォーの世紀末が生んだ繊細な線は、産業革命、そして一九世紀的な工業の線に対する一種の批判であった。しかしその生命の線の寿命はきわめて短命で、新たな二〇世紀の工業の線が、ガウディの線を圧倒し、消去してしまったのである。

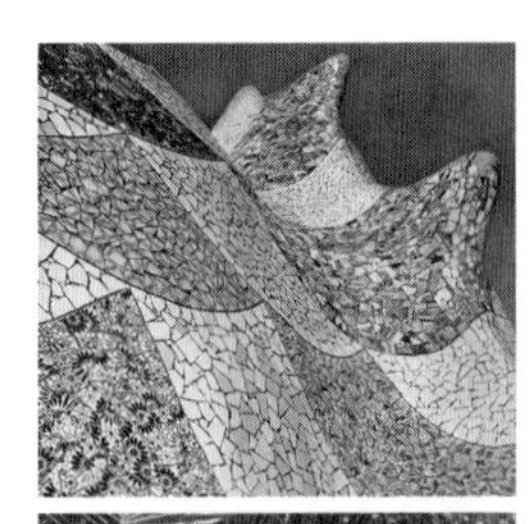

図17　グエル公園，設計：ガウディ，1914年．コンクリートにランダムに割ったタイルを貼った造形
図18　グエル公園の透明感のあるスクリーン

点描画法

バルセロナからマルセイユまで車で走り、マルセイユ港からアルジェ港行きのフェリーに乗った。アルジェから内陸に向かい、コルビュジエが愛した街とも伝えられるガルダイヤに泊ま

図19　ガルダイヤの集落の様子

った。遠くから見ると、街というよりは、小さな丘に見えた。近寄ってみると白い小さな箱が集合し、積み重なって、ひとつの丘のような形状を作っていることがわかった(図19)。もともとあった自然の丘の上に、長い時間をかけて、白い小さな箱を建て続けた結果、地形と人工物の中間のような、有機的な集落が生成されている。点描画法で地形を描いたような集落だと感じた。集落を構成するひとつひとつの住居が小さいから、自然と点描画法になるのである。

ずっと後になって、コンピュテーショナル・デザインのパイオニアである建築家のグレッグ・リン(一九六四―　)が、僕の建築を点描画法の建築と評した(「点描画法」*『SD』三九八号)。デジタル技術の根本は、小さな点による近似なので、グレッグが点描画法に関心を持ったのは、当然である。コンピュテーショナル・デザインが話題となった一九九〇年代以前に、僕が点描画法に目覚めたきっかけは、ガルダイヤであった。

自然というものの本質に、人間が迫ろうとした時に、点描画法が生み出された。印象主義の画家のスーラ(一八五九―九一)が、ノルマンディーの海を描こうとした時に、点描画法を発見したといわれている(図20)。海とは形態ではない。点がキラキラと点滅する状態にこそ、海という自然の本質があることを、スーラは発見し、点描画法に到達したのである。

一方、山には形態というものが存在するから、輪郭で山は描ける。しかし、海というのは、テクスチュアとその変化であるから、形態には頼ることができなかった。僕

図20　スーラ「オック岬，グランカン」1885年

が建築で試みようとしていることに、スーラの方法は近似している。建築を形態から解放し、ノルマンディーの海のような、光の点滅へと返したいのである。

ガルダイヤから、さらに南に下ってサハラ砂漠を越えてからが、集落調査の本番となった。砂漠が終わると、草原が始まる。いわゆるサバンナと呼ばれる気候帯で、砂漠と熱帯雨林の中間に広がる巨大な熱帯草原である。砂漠は通過するだけで、人が住めはしない。サバンナに入ると、人の気配がしてきて、次から次へと集落に出くわす。基本的には小屋を草原にばらまいたような、コンパウンドと呼ばれる形式の、大家族のための住宅である。

サバンナの住居は、基本は、日干しレンガを積んで作った、小さな閉じた箱の集合体である。配置、配列は離散的で確かにおもしろい。しかし、近づいて、地面の視点から眺めれば、箱は閉じたヴォリュームであり、重かった。

熱帯雨林の細い線

しかし、熱帯雨林に入りこむと、住居を作る基本材料が植物となり、建築は軽く、透明になる。細い線が集落の主役になるのである。閉じたヴォリュームの世界が終わって、開かれた線の世界が始まったのである。しかもそれぞれの線が、僕らの日頃見なれている、鉄やアルミの線よりもはるかに細い。木の枝やツル、ヤシの葉で構成されているから、細いのは当たり前である。僕が生まれた大倉山の家で慣れ親しんだ一〇センチ角の木材より、はるかに細く繊細な線の世界が、熱帯雨林にはあった。

出会ったことのない細い線の登場で、集落の配置も形態も眼中から消えてしまい、どうでもいいことに思えてきた。植物で編んだカゴの中で、風と影を感じながら、昼寝をしているような気持ちよさがあった。子どもの頃、母親が夜になるとカヤを吊ったことを思い出した。蚊をよける目的で、植物の繊維を編んで作ったのがカヤで、植物の香りと肌ざわりがあって、カヤの中にもぐりこむ一瞬は至福であった。子ども時代の僕にとっての、最高の一瞬であった。線が乱雑だろうと不揃いだろうと、あの細い植物の線に囲まれている熱帯雨林の人々はとても幸せそうに見えた。サバンナの後に訪れた熱帯雨林体験が、僕を新しい線の世界へと導いてくれた。高度成長の建築ブームの中で、磯崎新と黒川紀章らのリーダーシップによってうち捨てられた線の建築を、もう一度復活させるための重要なヒントを、サハラの旅で手に入れることができた。

しかしサハラの旅のリーダーであった原先生は、熱帯雨林の植物の家にはほとんど関心を示さなかった。そこには彼の興味のある数学が、一切存在しないように感じられたのかもしれない。しかし、僕にとっては、熱帯雨林は新しい数学の宝庫に感じられた。磯崎、黒川とほぼ同世代の原は、乱雑でノイズだらけの草カゴ建築には興味を示してくれなかったのである。原もまた、コンクリートのハコモノを作らなければならなかった世代の宿命からは逃れられなかったのだろうかと、僕は不謹慎な想像をめぐらした。

モダニズムの線と日本建築の線

磯崎、黒川、原の世代が線を放棄したのは、彼らがモダニズム建築の武骨な線しか、知らなかったからである。石やレンガを積む組積造の重さを打開するために、モダニズム建築は線を用いた。コンクリートや鉄骨で線を作り、その線でフレーム(骨格)を組むことによって、透過性があり、拡張可能な、フレーム・システムが二〇世紀に完成された。

しかし、フレームと線の間には大きな隔たりがある。コンクリートや鉄で、柱や梁を作り、フレームを作ることが、モダニズムの基本だった。先述したように、二〇世紀の幼稚な構造計算技術でも、柱と梁を組み合わせて作るフレーム構造ならば、計算することができた。柱と柱の間隔は一〇メートル前後が最も効率的で、それをコンクリートで作ると、柱は一メートル×一メートル程度のサイズとなる。梁の高さも約一メートル程度になった。一メートル角というごつい寸法が、モダニズム建築の標準的なサイズであった。組積造は抜け出したが、かえって武骨で殺風景な空間であった。その武骨なフレームが可能とする一〇メートル×一〇メートルの広さの無柱の空間が、工業化社会のニーズに合致した。一〇メートル角の抽象的な空間を用意して、その間を物や人が自由に運動するというのが、二〇世紀という時代の要請だった。

無柱の空間の中の自由な移動は、ニュートン力学の夢そのものである。抽象的なガランドウ空間の中を、運動方程式に従って物が移動するというニュートン流の物語である。二〇世紀になって、建築はやっと一七世紀のニュートン力学に追いついたともいえる。建築は、いつも遅れてやってくる。哲学者や数学者の夢に、何百年後にやっと追いつく宿命であった。建築は奥手であった。

やっとニュートンに追いついたモダニズム建築の、一メートルのフレームは、コンクリートの牢獄のように、僕には感じられた。武骨なフレームは、二〇世紀に一気に増殖し、世界の都市を覆いつくした。人間の身体という繊細でやわなものと比べて、あまりに威圧的なフレームであった。都市からも家からも、ヒューマンなスケールは消え、人々は太いフレームにおびえながら、二〇〇年以上前のニュートンの、カビの生えた夢と暮らすことになった。

それに比較すると、日本の伝統的な木造建築を構成する線は、はるかに繊細で、人間の身体を脅かすこともなかった。柱も梁もおおむね一〇センチ内外の断面寸法を持っていて、長さも三、四メートルであった。一人で充分に運べる大きさと重さの、繊細なやさしい線で、空間のすべてが構成されていた。そんな美しい線の技術、デザインが日本には眠っていたのである。

伝統論争と縄文の太い線

戦後日本のモダニズムは、最初から日本の伝統建築に関心がなかったわけではない。戦後初期のモダニズム建築の、木や鉄で作ったフレームの繊細さは、今見ても新鮮である。丹下自身、前川國男事務所時代に担当した岸記念体育会館(一九四一年)(図21)や、成城に建てていた自邸

（一九五三年）（図22）は、日本の伝統木造の細い線に迫ろうという意欲作である。しかし、代々木競技場の細いケーブルを最後にして、日本の建築家達は細い線を忘れ、コンクリートのごついフレームへと、一気に流れていった。

その転換には伝統論争という戦後の建築界を揺るがした一九五〇年代の大論争も一役買っていた。戦後初期の細い線のモダニズムは弥生的で、柔弱であり、日本文化のもうひとつの源流である縄文の力強さに戻らなければいけないというのが、白井晟一（一九〇五―八三）ら縄文派の主張であり、弥生派は押され気味であった。丹下の弟子の磯崎は、師の対極にある白井の縄文的でヴォリューミーなデザイン（図23）に影響を受けながら、ポスト代々木のヴォリュームの時代をリードしていったのである。縄文派の代表は「爆発」のアーティスト、岡本太郎（一九一一―九六）であった。その後、一九七〇年の大阪万博で、丹下健三設計のお祭り広場のスペース・フレームを、岡本の太い線＝太陽の塔が突き破った（図24）。プロデューサーであった丹下は、岡本を呼んだが、結果的に爆発を黙認し、許したのである。丹下は弥生であることに引け目を感じ、丹下自身が弥生を超えようとしていた。日本の鉄鋼産業の粋を尽くして建設されたスペース・フレームの線を、縄文がぶち破ったのである。高度成長の日本が、イケイケの太い線によってリードされていくことを、岡本の「太い」モニュメントは見事に象徴している。伝統論争は、線からヴォリュームへと傾斜していく高度成長期の日本建築の予告篇でもあった。

その高度成長の「太い」日本の中で、細い線を追究していたのは、「和の大家」と呼ばれる

図 21　岸記念体育会館，設計：前川國男建築設計事務所担当・丹下健三，1941 年

図 22　丹下自邸，設計：丹下健三，1953 年

図 23　原爆堂計画，設計：白井晟一，1955 年

図 24　お祭り広場，設計：丹下健三，1970 年

建築家達だけであった。吉田五十八(一八九四—一九七四)、村野藤吾(一八九一—一九八四)は、丹下、磯崎、黒川達とは別世界の、いわば伝統芸能の担い手のような存在と認識され、料亭、茶室、高級住宅を設計する特殊な建築家として、建築界の外側に置かれていたのである。高度成長期の日本は、そのような形で、日本の伝統建築の細い線を排除してきたのであった。

「和の大家」の追究した細い線は、今日から見ても、驚くほどに繊細である。そして単に繊細であるだけでなく、彼らは現代の素材を用いて、さらなる細い線を追究していた。吉田は細いアルミパイプを用いて、簾を作り(図25)、村野は瓦の代わりに丸い断面形状のアルミの薄いパネルを用いて、本瓦に代わる庇の細い線を実現した(図26)。丹下、磯崎、

図 25　北村邸，設計：吉田五十八，1963 年．アルミの簾
図 26　千代田生命本社ビルの茶室，設計：村野藤吾，1966 年．アルミパネルで作られた薄い庇のディテール

図 27　帝国ホテルの茶室，東光庵，設計：村野藤吾，1970 年

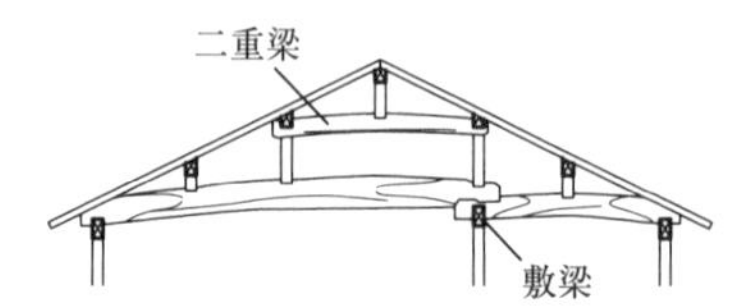

図 28　和小屋の骨組み

図 29　北村邸の間仕切り

図 30　新喜楽．吉田は 1940 年以降，数度の改築を行った．間仕切りによって，中広間にも大広間にもなる

黒川に代表されるモダニズムの建築家達の関心が、ヴォリュームに美しいシルエットを与えることにしかなかった一方で、吉田や村野は、現代の素材を使って、繊細な点・線・面を作ることに挑戦し続けていた(図27)。その意味で彼らこそがモダニストであった。特に磯崎、黒川が西欧古典主義にならってハコへと回帰した後には、吉田や村野の方が前衛であると僕は感じた。しかし、彼らの知恵と達成を、建築界は無視したのである。

移動する日本の木造の線

日本の伝統木造の線は、単に細いだけではなく、自由に移動できるものでもあった。これは驚くほどに未来的な手法でもあった。まず生活の変化に応じて、襖、障子などの線で構成された建具を、自由に動かすことができた。このシステムは、二〇世紀のオフィス空間を支配した可動間仕切りシステムの、先取りでもあったし、それ以上にはるかに軽量で洗練されたものでもあった。さらに驚くべきことには、建物を支える主要構造である柱さえ、その完成後に、自由に動かすことができたのである。

その秘密は日本建築の屋根裏にあった。天井と屋根との間に和小屋と呼ばれる、木のジャングル・ジムのような骨組みを挿入することによって、屋根全体にしっかりとした剛性を与え、屋根がしっかりと固められた(図28)ので、それを支える細い柱は、完成後に自由に移動することができた。この驚くべきフレキシブルなシステムが、一四世紀の日本で完成したのである。

移動できる柱は、世界に例がない。西欧における建築の近代化は、壁を消去し、柱と梁のフレームによって大空間を確保することであった。それがモダニズム建築が追究したフレキシビリティであり、生活の自由であった。しかし、日本の木造建築は、そのはるか先をいっていたのである。間取りを変える時に、柱の位置まで動かしてしまうのである。ニュートン力学の大ざっぱな空間と太い柱の代わりに、日本の柱、梁は一〇センチ角前後の細さであり、しかも固定された空間の代わりに、変化できる柔軟な空間を獲得していた。太くて動かない線(フレーム)の代わりに、細く繊細な動き回る線を、日本人はすでに一四世紀に手に入れていたのである。二〇世紀モダニズムの硬直した大空間を超えようとした時、日本の伝統木造のシステムは大きなヒントを与えてくれた。

この移動可能な線に対しても、和の大家達は、様々な挑戦を行っていた。吉田五十八の北村邸(一九六三年)は、間仕切り(図29)の位置を変える時に、柱を取り外すことが可能であり、建具の枠も、建具と共に移動させ、消去することができた。柱も消え床の框(かまち)も消え、何もなかったように畳が敷きつめられるのである。同じく吉田が改築を手がけた新喜楽(一九四〇年)(図30)でも、広間の巨大間仕切りが、電動の仕掛けで移動することができた。中広間だったものが、一瞬で大広間へと変身するのである。

図31　面おさえ(上)と芯おさえ(下)
図32　伝統木造の骨組み，大鐘家，江戸時代
図33　床の一部に置かれるようになった畳，大徳寺真珠庵，室町時代

さらに、日本の伝統木造において興味深いのは、柱や梁といった線を、その線の中心線、すなわち芯で捉える方法——芯おさえ——とその線の輪郭で捉える方法——面おさえ——を同居させ、見事に使い分けていたことである(図31)。

そもそも古来、日本の大工は、芯おさえで図面を描き、芯おさえの考えで建築を施工していた。民家では、丸太をそのまま使ったり、まがった材木をそのまま梁に使うことが多かったので(図32)、芯おさえでないと、それらの「生きた線」を使うことができなかったからである。日本の伝統木造は「生きた線」からはじまった。縄文の竪穴式住居以来の「生きた線」である。

しかし、畳の出現によって状況が変わった。平安時代の寝殿作りの住宅においては、床は板敷きが基本で、畳は家具のように、あるいは座布団のように板の上に置かれていた(図33)。さらに室町時代、床に畳が敷きつめられるというスタイルが生まれた。限定された狭い空間を快適に有効に使おうとすれば、畳を敷きつめた方が効率的だったのである。畳をびっちり敷きつめるとなると、柱の芯ではなく輪郭、すなわち柱の面が、柱の芯よりも重要になってくる。柱の面と面によって規定され、限定される平面の中に、畳を隙間なく敷きつめなければならないからである。

この生活形式の変化によって、芯おさえの建築から、面おさえの建築へという転換が起こった。人々が高密度に集う都市からこの変化は始まった。限られた空間に効率的に畳を敷きつめるには、芯おさえよりは、面おさえの方が、現実的で経済的だったのである。京間と呼ばれる畳の敷き方は、畳の寸法を三尺一寸五分×六尺三寸という基準寸法で固定し、それにあわせて、柱の位置を決定していく。すなわち面おさえの原理に基づいて建築の全体が決定されている。この方法に基づけば、引っ越しの時も同じ畳を持っていくことができる。一方、江戸間と呼ばれる手法は、柱の芯の間を、約三尺、六尺、九尺という基準寸法で決定し、それによって作られた平面計画を、だましだまし畳で埋めていく。当然畳はイレギュラーな寸法になってしまうので、引っ越しの時、畳を持ち運ぶことはできない。京都の方法は都市的であり、近代的であった。一方、江戸の方法は田園的であり、民家的であった。日本では、この二つの方法は共存し、巧みに使い分けられていた。線にも太さがあり、壁にも厚みがあるという現実を、日本では芯おさえと面おさえという二つの方法の共存によって、適宜、解決していたのである。そして江戸においても、京都においても、日本の大工は建築の部位に応じて、芯おさえと面おさえを使い分けている。現代の日本の大工も、二つの方法を使い分けることで、複雑な現実に対して柔軟に対応しているのである。

一方の西欧でも、線に太さがあり、壁に厚みがあるという現実は、建築家を悩ませ続けた。この問題を中世の建築家(工匠)達は、連続するアーチを、二本の対になった柱で支えるツイン・コラム(図34)や、細い柱が束ねられて太い柱となったように見える、ゴシック教会の束ね

図 34　ツイン・コラム. サンタ・マリア・エ・サン・ドナート教会，12 世紀
図 35　束ね柱. サント・シャペル教会，13 世紀
図 36　ブルネレスキの断片化. サン・ロレンツォ聖堂，15 世紀

柱(図35)で解決していた。複数の柱を束ねて用いれば，柱が反復するグリッド・システムと厚い壁を支えるアーチ・システムとを共存させることができたのである。柱に太さがあり，壁に厚みがあるという現実を，中世の建築家は線を集合させることで解いたのである。

しかし，ルネサンスという時代を拓いた先述のブルネレスキは，この解決策を嫌った。すなわち人間の脳が構想する抽象的な幾何学と，物質によって構成されている現実との間に宿命的に存在するギャップに対し，ブルネレスキは極めて敏感な建築家だったともいえる。彼はそのズレを要素の断片化という今日から見ても前衛的な方法で解いた(図36)。アーチや柱などの要素は時として，コラージュ絵画のように断片化をされて，空間を漂うのである。この方法は，様式に対する無知からくるものだと当時から批判されたが，彼は図式的，観念的にしか思考できない人間が，物質で構成された複雑きわまりない世界を生きる時の宿命的な困難，その悲劇，喜劇をはじめて顕在化した。ブルネレスキ本人は，この困難を断片化によって解決し，一方，日本の大工は，このギャップを，芯おさえと面おさえの共存によって解決し，中世の工匠はツイン・コラムや束ね柱によって解決した。僕が最も惹かれているのは、線を無数に並べるゴシックの束ね柱である。

広重の夕立の細い線

日本の伝統木造が長い時間をかけて磨いてきた細く、移動する線を、再び取り戻すことはできるだろうか。あるいはアフリカの熱帯雨林の草のカゴのような細い線を、現代の建築に導入することはできるだろうか。細い線が復活した時どのような建築が生まれ、どのような都市が生まれ、人間と線とはどのような関係を取り結ぶことになるだろうか。

僕がこの課題を意識して、最初に線に取り組んだのは、那珂川町馬頭広重美術館(二〇〇〇年)(図37)であった。浮世絵画家の歌川広重(一七九七―一八五八)の美術館の設計を依頼され、広重の作品を研究し、広重にとっていかに線が重要であるかを知った。大きなきっかけを作ってくれたのは広重の代表作「大はしあたけの夕立」(名所江戸百景)(図38)である。「大はしあたけの夕立」の線は、芸術の世界に革命をもたらした二人のアーティストに、絶大な影響を与えた。

一人は印象派の巨人であるヴィンセント・ヴァン・ゴッホ(一八五三―九〇)であり、もう一人は、二〇世紀のモダニズム建築の巨匠であり、建築の透明化をめざすムーヴメントの最初の一歩を踏み出したアメリカの建築家、フランク・ロイド・ライトである。

図37　那珂川町馬頭広重美術館，2000年

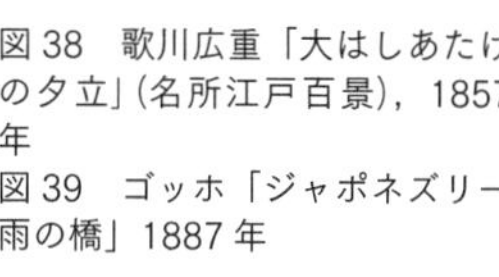

図38　歌川広重「大はしあたけの夕立」(名所江戸百景), 1857年
図39　ゴッホ「ジャポネズリー　雨の橋」1887年

ゴッホは、「大はしあたけの夕立」を油彩で模写し(図39)、自分が尊敬するメンターの一人として、同じオランダ出身の大画家であるレンブラント、同世代のセザンヌと同格に、はるか東方の島国の浮世絵画家、広重の名を挙げている。あまりにも唐突な形で、ゴッホは広重を称賛した。

一方のライトは、広重、岡倉天心という二人の日本人との出会いがなかったら、自分の建築は生まれなかったと書き残している。中でも、「大はしあたけの夕立」を含む江戸名所百景シリーズは、ライトにとって特別な作品群であった。「(江戸名所百景は)風景画のアイデアの中では今までで最も偉大なものである。芸術の歴史の中でも全く独自のものである」(一九五〇年のタリアセンで行われた講演から)とまで、ライトは絶賛した。

では「大はしあたけの夕立」の何が、この二人の革命的芸術家を引き寄せるのだろうか。

夕立の雨の線に秘密があった。一九世紀までの西欧の画法は、重たいヴォリュームの支配する重たい世界であったと二人は感じ、ヴォリュームを解体しようと苦闘した。その二人が、広重の線と出会い、広重をヒンジとして、新しい世界へと踏み出していったのである。

「夕立」の線を、細かく点検してみよう。一番手前に、夕立が線で描かれ、その線の束によってひとつのレイヤーが出現する。ヨーロッパ絵画の基本手法である透視図

図40　ターナー「戦艦テメレール号」1838年

法によらずに、薄いレイヤーの重ねあわせによって、空間に三次元的奥行きが与えられている。

ルネサンスに登場した透視図法の基本は、近くにあるものを大きく描き、遠くにあるものを小さく描くことである。遠近法と呼ばれるその手法によって、三次元の奥行きが容易に表現されるようになった。一方の広重は、透視図法と全く別の方法によって、空間の奥行きを表現したのである。「夕立」では、川を渡る橋は、遠くに向かっているのにもかかわらず、橋の幅が小さくならない。同じ幅のままで対岸に到達する。そして大橋の橋桁は細い線で構成された透明なスクリーンとして描かれる。線が創造する透明性によって、川の手前側と向こう側との距離、奥行きが表現される。大橋が細い材木を組み合わせて作った木造の橋だから、橋を透明なスクリーンとして表現することが可能となったのである。木造の線と透明性は、深く、分かちがたく結びついている。木造と空間の奥行きは結びついている。日本は木造の国だからこそ、透視図法を必要としなかったともいえる。

さらにここで注目すべきことは、雨という自然現象が、直線という数学的で抽象的な存在に置き換えられていることである。この置換は、きわめて東洋的なものであり、伝統的な西欧絵画においては起こりえなかったと、美術史家達は指摘する。自然とは曖昧で、つかみどころがない、形のない存在であり、かちっとした幾何学的形態を持つ人工物とは、そもそも対照的で異質なものであるというのが、西欧絵画の大前提であった。自然と人工とは対立し、人工は上位にあって、自然は下位に位置するという自然観が、西欧絵画の基本となっていたのである。

図41　コンスタブル「乾草車」
1821年

一九世紀の西欧絵画で、「自然の発見」が起こったといわれる。その「自然の発見」の中心人物、イギリスの画家ターナー（一七七五―一八五一）（図40）やコンスタブル（一七七六―一八三七）（図41）は、それまで絵画の対象となることがなかった自然そのものに注目し、自然を絵画の主役の地位にまで引きあげた。しかし、風景画家と呼ばれる彼らの描く自然は、依然として明確な形態を持たない、曖昧でぼんやりとした存在であった。ターナーやコンスタブルの方法のベースは、船や建築物などの明快な形態を持つ対象と、形がなく曖昧な自然現象との対比（コントラスト）であった。自然とは、人間のコントロールの及ばない、得体のしれない曖昧なものであるという、一種の人間中心主義的な傲慢が、その対比の背後に存在していたのである。風景画家達も、その人間中心主義を超えることはできなかった。

一方、広重の「大はしあたけの夕立」の中では、橋も雨も、同じように幾何学的で抽象的な直線で描かれ、そこには人間対自然という対比も、人工物が上で自然が下という、人間中心主義的なヒエラルキーも存在しない。人工と自然というカテゴリー自体が、そもそも存在せず、すべてが等価で平等な存在として、同一平面上に配置され、重層するのである。

東西における自然観のこのような相違に関する研究は数多く存在する。たとえば、西欧人の脳は、虫の音を一種の不快な雑音として認識し、逆に日本人は、音楽も虫の音も、脳の同じ部位で処理するといった類いの研究である。

そこに深入りするのが本論の目的ではない。しかし、「大はしあたけの夕立」の線から見える、人工と自然を同列に扱う方法は、広重美術館の線のデザインに大きなヒントを与えてくれた。自然とは何か、人工とは何かということを考える、大きなきっかけとなった。

夕立の建築

広重作品を収蔵展示する広重美術館は、「夕立」のような建築としてデザインしなければならないと考えた。「夕立」の雨は、どのようにしたら建築化できるだろうか。まず、敷地の裏に広がる八溝(やみぞ)山系から伐り出された八溝杉という美しい杉を、建築の材料と決めた。建築の近くにある木材を最上の材とするのは、日本の大工の伝統的方法である。裏山の土と気候とから生まれた線と、山裾に建つ建築を構成する線は、同一の温度、湿度、日照条件に置かれる。山で採れた木を使えば、ネジレ、ソリなどの狂いが生じにくい。

裏山と建築の中に同時に存在する二つの線が、同じ温度と湿度を持つ空気の中で、共振するのである。線とは抽象的な存在ではなく、生き物なのである。その線の共振に耳を澄ましているうちに、裏山の杉の木立から建築、そして室内へというグラデーションが、目に浮かんできた。自然から人工物、さらに身体へという、ゆるやかなグラデーションを作れないだろうか。広重の「夕立」の中で、雨、橋、川、対岸の森へと向かってレイヤーが重なるように、裏山の杉林から、このちっぽけな身体へと至るグラデーションを、レイヤーの重なりによって作れないだろうか。

図42　広重美術館の杉の製材
図43　和紙でくるんだ杉の製材

そもそも日本の建築は、グラデーションとしてデザインされてきた。線で構成された、一連の透明な建具（ガラス戸、簾、障子）がレイヤーを構成し、自然と身体との間をゆるやかに調停していく。さらに自身の体のまわりにも、衣服というレイヤーの集合体が介在し、やわな身体は丁寧に守られる。十二単は、レイヤーの究極の姿であった。奥へ奥へと引き込むようなグラデーションが、人々を時に外へ、時に内へといざない、人々の生活をやさしく包み込み、保護するのである。日本において建築は、厳重な囲いからはほど遠い、ゆるいレイヤーの連鎖であった。

まず裏山の最も近く、自然の最も近くに、杉を鋸で製材した線を並べた（図42）。杉の木立自身が、まず線である。それを製材することによって、線はより細かくなり、整えられる。水滴の集合体でしかなかった雨を、広重は直線を用いて抽象化し、画面に透明感を与えた。同じ操作を杉の木に対して施したわけである。製材の断面寸法は、三〇ミリ×六〇ミリとし、線であることを感じさせるシャープさを出すために、正面の幅（見附）を三〇ミリ、奥行き（見込み）を六〇ミリとして、見附の細い線を、見込みの大きな影が引き立てる構成とした。製材を並べるピッチは一二〇ミリとして、線と線の間に充分な隙間

図44　歌川広重「庄野」(東海道五十三次)1833年頃

をあけ、空間の抜け感を大事にした。

　最初の杉の製材のレイヤーの内側に、ガラスでできたレイヤーがあって、室外と室内の空気を仕切る。枠がない収まりでガラスを取り付けているので、ガラスの存在はほとんど意識されない。そのさらに内側に、同じ断面寸法の杉の製材を並べ、それを和紙でくるんだ(図43)。製材を白く薄い和紙でくるむことによって、線はわずかなやわらかさを帯び、線の質が変わる。

　広重は線の質というものに対して、異常なほどに神経質であった。摺り師によって創造される木版画という芸術が、そもそも線の質に全面的に依存していたからである。木版画においては摺り師というもう一人の作者が存在した。摺り師が線をどう表現し定義するかで、摺りあがりは驚くほどに異なった表情を見せる。木という素材のやわらかさを最大限に用いて、広重と摺り師は、線というものに対して、驚くほどに多様な表情を与え続けたのである。

　カンディンスキーが版画から多くを学んだように、版画は点・線・面の扱いに対して、多くのヒントを与えてくれる。版画を作る作業には多くの他者が介在し、ラトゥール的にいえば、多くのアクターが参加するからである。摺り師もアクターであり、木版の木も顔料も水もアクターであった。アクター達の様々な協力、抵抗を通じて、作者は形態や色彩の背後にある点・線・面の秘密に触れるのである。

　同じく広重による東海道五十三次の中の「庄野」(図44)を見れば、彼らがいかに線の質というものにこだわったかを見てとれる。線の太さのわずかな違いによって、奥行きが表現され、

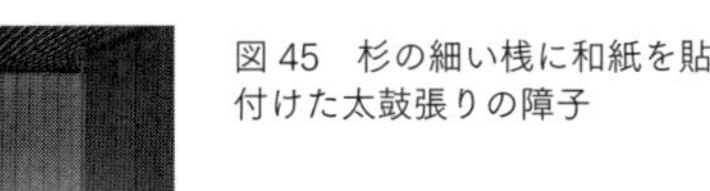
図45　杉の細い桟に和紙を貼り付けた太鼓張りの障子

平面の中に三次元が出現する。線を用いてどんな形態、どんなシルエットを描くかに腐心した西欧の画家達と、線の質自体に注意を集中した広重の手法は対極的である。「庄野」で描かれているのは、形態でも色彩でもなく、線の重層だけである。それが実際の庄野とどんな関係があるかはわからない。広重は「庄野」という題材を借りて、線の実験をしていたのであり、線と世界との関係を探っていたのである。

和紙でくるまれた線のさらに内側に、杉の細い桟に和紙を貼り付けた太鼓張りの障子が控えている（図45）。太鼓張りは、和紙で木のフレームを包む貼り方である。外に杉林があり、第一のレイヤーはむき出しの杉の製材、第二のレイヤーはガラス、第三のレイヤーで杉が和紙でくるまれ、第四のレイヤーでは、杉が後ろにさがって障子の表面を覆う和紙が主役となり、和紙のやわらかさが表に出る。そして三つのレイヤーとも、使用している杉の製材自体の寸法は変わらない。しかしそれに和紙というアクターをどうからませるかで、線の質が変わる。線の質は変わっても、一二〇ミリピッチという線の奏でるリズムは変わらない。リズムは同じだが、楽器が異なる。楽器の奏で方が異なる。

このようにグラデーショナルに線を変化させ、種類の違う線でレイヤーを作りながら、自然と身体とを、外と内とをスムーズにつなげようと試みた。透視図法を持たないアジア、必要としないアジアでは、この手法を、長い時間をかけて洗練させてきた。絵画においても、建築においても、透視図法によらずに奥行きが表現され、身体と世界とがスムーズにつながれていっ

図46　V&A・ダンディ，2018年

たのである。広重はそれを見事に使いこなした。結果、西欧のゴッホやライトが震撼するまでに線を使いこなしたのである。

V&A・ダンディの線描画法

広重美術館を設計しながら、自然の線と人工の線の差は何だろうかという問題に突き当たった。

広重美術館の基本原理は、裏山の杉の木の生の荒々しい線、木立の生の線から、最も内側のレイヤー、和紙の裏に影としてだけ存在する抽象的な細い線へと至るグラデーションである。縄文から弥生、平安、数寄屋へというグラデーションといってもいい。杉の木立は樹皮がついたままで、しかも、ランダムな配列を持っている。ランダムな線の意味と効果を、広重は熟知していた。雨を描く時に、広重は均一な細い線が作るシンプルなリズムの中に、ランダムな線をまぎれ込ませた。広重は自然というものの本質がバラつきにあることを理解していて、角度の違う線を、雨の中にまぎれこませ、線を雨へと昇華させたのである。人の描いた線が、自然へと変身を遂げたのである。

スコットランドでヴィクトリア&アルバート博物館の分館、V&A・ダンディ（二〇一八年）（図46）を設計した時に、この方法を応用して外壁をデザインした。ダンディはテイ川の河口に位置する街で、V&Aの敷地は、街の南のエッジにあり、テイ川の河口に面していた。

図47　オークニーの崖
図48　陰影に富んだ崖の肌理を作り出す

われわれは、川にはり出すようにして、建築をデザインした。実際に建築の一部を、水の中に建てたのである。通常、自然の脅威から建築を守ろうとする結果、建築は自然とは距離を置いて建てられ、自然とは異質のもの、違う領域に属するものとしてデザインされる。自然と建築との差異、距離の強調が、西欧の建築デザインの基本であった。差異を示すために、建築を基壇と呼ばれる台で持ち上げ、ピロティという名の柱で浮かしたのである。ピロティを生み出した二〇世紀のモダニズム建築も、西欧の方法の正統的な嫡子であった。

しかし僕らは、建築を川の中に建てることで、自然と人工との中間的な物を作り、自然(川)と街とをシームレスにつなごうと考えた。西欧建築を支えてきた、自然と人工との対比を否定し、自然と人工とを境目なく、ゆるく、やわらかくつなげようと試みたのである。

では、どのような形態が、自然と人工の中間物にふさわしいだろうか。ヒントを与えてくれたのは、ダンディの北に位置する、スコットランドのオークニー諸島の海岸の崖であった(図47)。大地と水との接点に、純粋な幾何学は存在しようがない。大地も水も多くのノイズを包含しているから、その接点である崖は、必然的にゆがみ、バラつき、暴れるのである。海からそそり立つ崖は、海と陸との長い闘いの結果、幼稚で図式的な幾何学から逸脱し、襞——すなわちランダムな線の集合体へと到達する。自由で複雑なその線は、広重の雨のように、無数のノイズを包含する。

その崖のように粗くランダムな建築を、海と陸との境に建てようと考えた。人間の手で崖を作るに際して、われわれは、長い棒状のプレキャスト・コンクリート――現場で流し込んで作るコンクリートではなく、工場で製作するコンクリート――を用いた。プレキャスト・コンクリートで作った線と線との隙間に、微妙な影が生まれる。その影を使って、陰影に富んだ崖の肌理を作り出そうと考えたのである（図48）。言い換えれば、プレキャスト・コンクリートという線を用い、線と線との間の余白の影の力を借りて、崖という自然に到達しようとした。すなわち点描画法ではなく、線描画法で、自然という複雑で、変化し続けるものの本質へと迫ろうと考えたのである。余白の影は季節の変化、時間の変化に応じて様々に変化し、様々な表情を呈する。線は余白を作るためにあり、主役は余白の方であった。

線の長さ、角度、取り付け方について、コンピューターを用いて、様々なスタディを繰り返した。いかなるノイズ、ランダムネスを与えれば、プレキャスト・コンクリートという直線状の工業製品を使って、自然という粗さに肉薄することができるのだろうか。

そこにはほぼ無限といっていい数の小さなユニットの無限の組み合わせが存在する。その無限の中から、この場所、このダンディのウォーターフロントという唯一無二の場所にふさわしい解を選択するには、コンピューター・テクノロジーを用いた、無限回の計算、無限回の試行錯誤が不可欠であった。まず、プレキャストの棒のサイズについて、無限の可能性が存在し、その断面の形状についても、その表面のテクスチュアについても、無限の可能性が存在する。

図 49　サニーヒルズ南青山店，2013 年

図50　崖の洞窟を思わせる大きな孔

V&A・ダンディに限らず、僕らは、無数の小さな点、線を集めて、自然というものに肉薄しようと試みている(図49)。それは、現在の点描画法であり、線描画法である。スーラが海という生命を油絵に写し取ろうとして、べたっとした色面を放棄し、小さな点の集合へと一歩を踏み出したように、僕らもまた、無数の点、線の可能性を用いて、自然に迫ろうとする。そして、僕らが、無数の点や線を組み合わせる粒子的デザインを追究できるのは、コンピューター・テクノロジーのおかげである。ダンディでは、コンピューターの助けを借りて、自然の本質へと到達しようと試みているのである。ダンディでは、コンピューターによって用意された無限のオプションの中から、最終的にあのノイズ、あのランダムネス、あの曖昧さへと到達することができた。プレキャスト・コンクリートのランダムな集合体の真ん中には、大きな孔をあけた。孔というより、それは崖にあいた洞窟(図50)である。その洞窟は、まっすぐに、ダンディの街の中心街であるユニオン・ストリートの方角を向いており、街の人々はぽっかりとあいた洞窟に吸い寄せられるようにして、川べりの崖のような建築へと集まってくる。

このダンディのウォーターフロントは、かつては倉庫群が並び、人の気配のないさびれた場所だった。工業化社会が世界中に作り出した、人工物の残骸であった。その自然と人工とのはざまの空白に、自然と人工の中間的な存在を作ることで、街と自然をつなぎ直した。崖から多くのことを学び、広重の夕立からも多くのヒントをもらって、ダンディの街はもう一度、川とつながり、自然と接合された。

生きている線と死んだ線

線の自由について考えていく時、多くのヒントを与えてくれたのは、イギリスの社会人類学者、ティム・インゴルド（一九四八―　）による『ラインズ――線の文化史』*というテキストであった。

インゴルドは、線には二種類あると整理する。彼はひとつを糸(thread)と呼び、もうひとつを軌跡(trace)と呼ぶ。そもそも彼は線について思案していたわけではなく、発話(speech)と歌(song)とが、どのようにして区別されるかに関心があった。音楽とは西欧において、そもそも言語芸術として理解されていた。言葉と音とは区別されず、音楽の本質は言葉の響きにあると考えられていた。しかし、ある時から、音楽とは言語的要素を取り除いた無言歌であると認識され、音楽は言葉を失い、言語は音を失って沈黙したのである。彼はその経緯について思索するうちに記述(writing)という行為が、その沈黙を生んだのではないかと思い至る。同じように、ひとくちに線といっても、すべてを抱含する自由な糸(thread)と、その糸の動きをフラットな二次元へ刻印、記述した結果である軌跡(trace)との、二種類の線があると考えはじめた。

インゴルドによる線の区分は、「方法序説」に記した、量子力学における、線の二つの定義を彷彿させる。小さなアリにとって、ホースという線は縦にも横にも動き回ることのできる自由な空間であるが、鳥という大きな生物にとっては、一方向にしか移動のできない、不自由な空間だった。現代の量子力学はこのようにして、線を相対的に定義し、次元という存在自体を、相対的に定義し直したのである。

インゴルドも同じようにして、糸と軌跡の二種類に、線を区分した。その区分法は、量子力学における線の区分とは微妙に異なっている。量子力学は、線と主体との相対的な大小関係によって、線を二つに分類した。一方のインゴルドは、時間という概念を導入することで、自由で生成され続ける生きた線と、事後的に、生成の刻印として取り残された死んだ線とを区分したのである。

この対比は、日本の伝統木造における、芯おさえと面おさえの対比も想起させる。芯おさえで定義される木材は生きた線である。一方、面おさえで定義される木材は平滑な表面を持つ、製材されて殺された線である。

筆蝕論の線

しかし、線の生と死は、それほど明確なものだろうかと、僕は考え始めた。書家の石川九楊(一九四五—)の筆蝕論の核心は、線の生と死の境が、インゴルドがいうほどに明確でないということである。肉体と筆を用いて、日々、線との会話を繰り返している実作者だからこそ、線の生と死との境に分け入って、その境界に、直接触れることができたのであろう。

石川は西洋の硬筆（ペンやボールペン）と東洋の軟筆（筆）とでは、線を描くという「ふるまい」と、その結果である「痕跡」との間の関係が異なると指摘する（『筆蝕の構造——書くことの現象学』*）。西洋の硬筆の場合、尖ったエッジで硬い対象に傷をつけるので、作者は自由にふるまっているかのような感覚に陥る。一方、東洋の軟筆の場合は、加えた力と反発する力との間に、あそび＝ズレが発生することが前提になっている。いってみれば、西洋における書かれた線は、行為の痕跡であり、死んだ線である。それに対して東洋の線は、主体と客体とのズレゆえに、死にきれない線、生き続けている、往生際の悪い線であると、僕は感じる。

石川は墨、インキの色についても言及する。西洋のインキの黒色は、その中に濃淡をみつけだすのが困難であり、それゆえに書くという行為の痕跡として、すなわち死んだ線として認識される。一方、東洋の墨は、その中に濃淡があり、カスレがあり、線は死にきれずに、生きながらえている。西洋と東洋との線の差異を、僕は石川から教わった。東洋においては、生と死すら曖昧であり、死んでしまったはずの線の中にも、生命があり、息の音が聞こえるのである。

生と死の境をさまよう線

旧軽井沢の白樺の森の中に僕がデザインした、風通る白樺と苔の森チャペル（二〇一五年）（図51）で、生きた線、死んだ線の差異について様々に思考し、実験した。森の中で、白樺は文字通りの生きた線として大地から生々しく立ち上がっている。その白樺を伐採した姿のまま、建築を支える柱として利用しようと考えた。樹皮のついたままの生きた線の束を構造とした建築を建て、生きた線を、生きた線そのものの白樺の森の中に、入れ子のように隠すのである。そうすることで、生きた線と、死んだばかりで死にきれていない線とを併置し、生と死の境が、そして自然と人工との境が、いかに曖昧で不確かであるかを示したのである。

栃木県の八溝杉の森の脇に立つ広重美術館では、杉の製材で作った線から、和紙でくるんだ線へと至るグラデーションによって、背後の森と建築との境を消し、生きた線と少しずつ死に向かって遠ざかる線とをグラデーショナルに配置した。その操作によって自然と人工とを溶かし込もうと試みた。軽井沢の白樺林の中に立つチャペルでは、その試みをさらに一歩進めて、樹皮のついたままの白樺の幹を、そのまま建築に持ち込み、死の領域に属すると考えられている建築を、生の領域へと送り返し、建築に生と死との境をさまよわせようと試みたのである。

白樺の生の幹で柱を作ることは技術的にも難易度が高かった。幹の中に鉄でできた細い線を埋めることで、幹で建物を支えることが可能となった。この特殊な線でできた人工の森と、周囲に広がる生きた白樺の森が作りだす線のリズムを同調させることに腐心した。本物の森のランダムなリズムが、建築化された白樺の線のリズムへと、境なく、知らず知らずのうちに移行しなければならない。

白樺の生と死について考えているうちに、木というものが、生きながら実は少しずつ死んでいるという大事なことに気がついた。木が成長し年輪を重ねていくということは、木の中に死

図51　風通る白樺と苔の森チャペル，2015年

を少しずつ蓄えることであり、死を蓄えて、死の領分を増やすことによって、木は風水に耐える強い身体を作り、厳しい自然の中で生きながらえている。木は死ぬことによって、生きる。木は草よりも、より死んでいる。

木は伐られた後も、温度、湿度の変化に応じ、伸び縮みをし、呼吸をし、あたかも生きているようである。ヒノキを伐ると、香りが立ちあがり、ヒノキはまだ生きていると叫ぶ。筆で描いた東洋の書のように、木という線もまた、生死の境を漂うのである。

柱の配置と同様に、あるいはそれ以上に大事だと考えたのは、大地の連続性である。白樺の森の地面を覆いつくしている苔を、チャペルの中の床にも、そのまま延長しようと試みた。いわば室内に大地を延長しようとした。室内に延長された苔庭の上に、アクリルで作られたベンチが配置される。透明なベンチは、床の連続性を邪魔しない。身体を支える床、基準となる床面、すなわち大地が連続していくことが、何よりも重要だと考えた。

生物にとって、身体を支える床面がいかに重要であるかは、ジェームズ・ギブソンのアフォーダンス理論の核心である。生物は、左右の目の立体視によって空間の奥行きを測定しているのではなく、基準となる水平面の上の、様々な粒子や線を用いて、空間の奥行きを知り、空間の広がりを測定し、空間を自分のものとしていることを、ギブソンは発見した。基準面が存在することによって、その面に属する点や線がひとつの音楽を奏で、そこにリズムが生まれる。基準面がなければ、いかに点や線が存在しようとも、リズムも音楽も生まれず、生物はその環境を自分のものとすることができない。その環境を生きることができない。

日本の伝統建築の床に刻まれた線――たとえば畳のヘリ、貼板と貼板との継ぎ目の意味を、ギブソンのアフォーダンス理論は、見事に説明する。能舞台の床の幅の寸法は決まっていて、能面によってほとんど視界を遮られた能役者は、足裏で床の線の感触を確かめ、その線の数を数えながら、自分の位置を測定し、次の一歩を踏み出していく。

畳に基準寸法があるのは、引っ越しの時や部屋の面積の測定に便利だからというだけではない。空間の奥行き、物と自分との距離を一瞬で測定し、自分の居場所を確認するために、畳は同一寸法に作られ、畳のヘリという線によって、空間が自分のものとなるのである。そのために畳のヘリは、布でできた線によって強調され、さらに畳に目を近づければ、藺草の繊維でできたもうひとつの線の束が出現して、自分の位置情報、歩いている速度を、さらに高い精度で、僕らに教えてくれるのである。

限りなく細いカーボン・ファイバーの線

石川県能美市の、日本海に面した敷地に立つfa-bo（二〇一五年）は、僕らが到達した最も細く繊細な線である。

小松に近い繊維関連の企業から、コンクリート三階建ての、日本海の浜辺にたつ、古いオフ

図52　カーボン・ファイバー

ィスビルの耐震補強が求められた。

通常の耐震補強は、スチールでできた棒状の部材を用いて行われる。すなわち鉄製のパイプやH型鋼を、既成の構造体に付け足して、耐震性能を向上させるのである。スチールでできた棒状のもの、すなわち工業の生んだ強い線は、その目的に最も適した素材だと考えられてきた。しかし、スチール製のブレース（筋交い）で補強されたビルの姿は、あまりにも痛々しい。二〇世紀の工業化社会が生み出した、線の亡霊がさまよっているようにしか見えない。もっと細く繊細な線を用いた、耐震補強というものはできないだろうかと、ずっと考えてきた。

繊維の企業に、カーボン・ファイバーという繊維での補強を提案した。カーボン（炭素）繊維という細い線を使った、しなやかな耐震補強への挑戦である。繊維ならば鉄と違って、海の風にあたっても、錆びないという利点もある。

カーボン・ファイバーは、スチール製のワイヤー以上の引っ張り強度を持ち、しかも驚くほどに軽く、熱による伸びもない。熱による伸び縮みがないということは、定期的に締め直す必要もないということであり、線としての性質はずば抜けている。

具体的には、建物のまわりの地面に鉄骨の梁を埋め込み、その梁と建築とを、カーボン・ファイバーという魔法の糸でつなぐのである（図52）。外壁や、内部の間仕切り壁も同時に補強する必要があるので、そこでもこのカーボン・ファイバーの細い線を使った。カーボン・ファイバーの線は、鉄骨を用いた武骨な耐震補強とは逆に、コンクリートの重たい建築に、繊細でやわらかな表情を付け加えてくれる。コンクリートの柱や梁が作る武骨なフレームと比べると、カーボン・ファイバーはクモの糸のようにも見える。クモの糸は細いだけではなく、やわらかくしなやかであり、粘りがある。そんな生命にも似た線で建築を作れたら、ガウディやアール・ヌーヴォーがめざして挫折した、生きている線を復活できるかもしれない。クモの糸が曲面を描きながら、大地と建築とをつなぎ、その曲面はオーロラのように、日本海の空と大地との間を漂うのである(図53)。

図53　小松マテーレ，ファブリック・ラボラトリー(fa-bo)，2015年

富岡倉庫の絹のような線

カーボン・ファイバーの細い線で覆われたfa-boは、丹下健三が果たせなかった新しい線の建築の、半世紀後の敗者復活戦ともいっていいだろう。丹下はH型鋼やI型鋼で覆われた、ミース流の線の建築を超えようと考えた。ミースが完成させた二〇世紀派の線の建築は、アメリカがリードした工業化社会——コンクリートと鉄の文明——の制服となった。コンクリートも内部の鉄筋という線がなければ荷重を支えることができず、地震に耐えることもできない。コンクリート建築とは、砂利や砂や石灰岩などの大地を砕いたような点を、鉄で束ねた塊である。その意味で、二〇世紀のエンジンとなったコンクリート建築も自動車産業も、共に主役は鉄という硬い線であった。

振り返ると、金細工師としてキャリアをスタートしたブルネレスキが、金属から線を学び、線を用いてフィレンツェの巨大ドームを実現した時に、建築の近代はスタートした。ブルネレスキの線からミースの鉄骨フレームの超高層へと至る近代建築史は、金属の線を主役として繰り広げられた、線の歴史そのものであった。近代国家と鉄とは、そもそも近代という時代と鉄とは、切っても切れない関係にあった。

では金属の線に代わる線はないだろうか。そろそろ金属の線を卒業してもいい頃である。カーボン・ファイバーに出会った時、そんな想いに一気に火がついた。もし、金属を卒業できたならば、意匠的にも構造的にも金属に依存していたルネサンス以降の建築を、別の流れへと転換することができるかもしれない。

fa-boでは、コンクリート建築の補強にカーボン・ファイバーを用いたが、富岡倉庫の耐震補強(二〇一九年)では、繊細なフレームを持つ木造建築物を、さらに繊細なカーボン・ファイバーで補強した(図54)。絹の街、繊維の街であった群馬県富岡で、絹織物の倉庫として、一〇〇年以上前に木造の富岡倉庫が建てられた。糸による耐震補強は、富岡に最もふさわしい解決であるように感じられた。

木造建築の耐震補強は、思った以上に難しい。筋交い(ブレース)といわれる斜めの部材を入れるのが最も一般的な方法であるが、ごつい木の筋交いで補強すると、木造建築の繊細なイメージが崩れてしまって、すべてが台無しになる。

鉄製の細い筋交いで補強するのも、容易ではない。鉄という材料は、木に比べて重たいので、

図54　富岡倉庫のカーボン・ファイバー補強，2019年
図55　富岡倉庫の空中を走るカーボン・ファイバー

重たい鉄で補強すると、建物自体が重くなってしまい、その重さに耐えるために、よりごつい鉄の筋交いが必要になる。そんないたちごっこの悪循環にはまって、木造の繊細さは完全に失われてしまう。

木造建築の素晴らしさは、木という軽い線を使いながら、地震にも耐える強い構造体を作れるところにある。重たい鉄を組み合わせると、この軽やかでやわらかい平和な秩序が、破壊されてしまう。カーボン・ファイバーのような軽くて強い素材を使えば、木造建築はその軽さを保ったままで、地震に耐える強さを獲得することができる。

富岡倉庫では、構造エンジニアの江尻憲泰（のりひろ）さんと一緒に、最も効率的な木造の補強を考えた。江尻さんはカーボン・ファイバーと木が相性のいいことを知って、すでに京都の清水寺や長野の善光寺で、カーボン・ファイバーを用いた文化財の補強を行っている。

国宝や重要文化財の補強の場合、補強部材を見せないことが重要である。屋根裏などの見えないところにカーボン・ファイバーは用いられる。しかし富岡倉庫では、あえてカーボン・ファイバーの線を見せることにした。白いカーボン・ファイバーの線が、アヤトリのようにして、空中を走る（図55）。鉄やステンレスのワイヤーではアヤトリはできない。なぜなら、アヤトリの糸が折れる部分から、鉄やステンレスは破断してしまうからである。接点に別の金物を挿入しないと、線と線とがつながらず、線の構造が破綻する。カーボン・ファイバーは、まさに糸そのものであるから、接点が弱点とならずにアヤトリができる。アヤトリの自由としなやかさを、そのまま実際の建築の中で実現することができる。

接点に別のジョイントを入れなければならない「鉄の線」は、接点に拘束された不自由な線で、自由な線とはいえない。逆に、自由につながっていくアヤトリの線は、インゴルドが『ラインズ』でその価値を発見した、生きた線である。痕跡としての線ではなく、しなやかに空中を走り、舞う線である。生きながら、しかも新しい幾何学を追究するのがアヤトリという線である。建築が金属を卒業し、生きた糸で建築を作れる日を夢みて、僕らは富岡倉庫でアヤトリをした。絹の街富岡で、線の新しい歴史を開こうと試みた。

面

図1　シュレーダー邸，設計：リートフェルト，1924年
図2　レッド＆ブルー・チェア，設計：リートフェルト，1918年
図3　ジグザグ・チェア，設計：リートフェルト，1934年

リートフェルト対クレルク

二〇世紀の爆発する人口と経済を収容する、大きなヴォリュームの確保を目的として、剛性と粘性と気密性にすぐれた、コンクリートという素材が選ばれた。しかし、ヴォリュームを解体して、風通しのよい、軽やかな空間を作ろうという試みも、併行して起動していた。

オランダの若き建築家達が結成したデ・スティール――スタイル――という名のグループは、薄い面を用いてヴォリュームの解体を試みた。デ・スティールの中心人物、建築家のヘリット・リートフェルト（一八八八―一九六四）は、シュレーダー邸（一九二四年）（図1）で、ヴォリュームの徹底的な解体を行い、建築界に大きな衝撃を与えた。そもそも家具職人の子として生まれ、自らも家具職人としてスタートしたリートフェルト（図2・図3）だからこそ、面の建築をやすやすと実現できたともいえる。建築はヴォリュームとして閉じる必要があったが、家具はそもそも、その必要はないからである。冬の気候の厳しい西欧では、建築は閉じることが大前提だった。一方、「家の作りやうは、夏をむねとすべし」（『徒然草』第五十五段）の日本では、閉じることが建築の要件ではなかった。

リートフェルトはその保守的な西欧において、家具の世界から、薄い面

図4　クレルクの椅子
図5　茅葺の住家，設計：クラメル

による構成という方法を教わった。面と面、面と線を組み合わせれば、閉じていなくても家具になる。面と線を使って、身体や物を支えることができれば、家具として成立する。建築と身体との間にも、そんな自由でゆるい関係があってもいいと、リートフェルトは考えて、シュレーダー邸という「大きな家具」に到達したのである。

リートフェルトの構成主義的な椅子より、僕がさらにおもしろいと思うのは、リートフェルトと同世代のオランダの建築家、ミケル・デ・クレルク（一八八四—一九二三）が農家の生活にヒントを得てデザインした、藁(わら)紐を用いた木製の椅子である（図4）。やわらかな線でできた肘掛けは、体にしっくりとなじむ。

クレルクやその弟子のピエト・クラメル（一八八一—一九六一）は、オランダの茅葺の農家の素朴さと、近代の生活とを接合しようと試みた（図5）。日本のモダニズム・デザインのパイオニアであり、分離派を立ち上げた堀口捨己(すてみ)（一八九五—一九八四）も、クレルク達のデザインに多大な影響を受けている。堀口は一九二〇年に東京大学の建築学科の同級生と共に、日本で最初の近代建築運動を立ち上げた。茅葺と近代的な箱とを組み合わせた紫烟荘（一九二六年）（図6）を発表し、若き天才の登場として、戦前の日本の建築界に衝撃を与えた。クレルクも堀口も、工業化という、時代の大きな流れに対する批判として、モダニズムを捉えていた。オランダでも、日本でも、茅葺は当時の農家で一般的であった。茅葺の自然さ、素朴さを取り戻すことが二〇世紀という時代、そしてモダニズムのテーマであると、彼らは考えていたのである。

図6　紫烟荘，設計：堀口捨己，1926年

しかし、その後のモダニズム建築は、工業化を全面的に肯定し、コンクリートと鉄による大量生産の建築へと一気に傾斜していった。第二次世界大戦後から高度成長期にかけて、二人の提案したしなやかな面や線は、すっかり忘れ去られてしまった。丹下健三らの次世代は、堀口を、時代遅れのヒューマニストとして否定し去ったのである。堀口は挫折の中で、奈良の慈光院にこもって、茶室の研究に没頭し、研究者として大きな業績を残したが、建築家としては寡作であった。

クレルクが農具にインスピレーションを得てデザインした木製の椅子を今見ると、そこには工業化の論理には収まりきれない人間の論理、身体の論理が息づいていることを発見することができる。椅子の肘掛けに使われているロープは、美しさとは無関係に、一見、だらっと垂れているように見えるが、そこにひとたび腕を載せると、ロープは身体を支えてピンと延び、ロープという生きた線と、身体という生きた物体とが、生き生きとした会話を始めるのである。リートフェルトの硬い面からは得られなかった物と身体との会話が、クレルクの家具からは聞こえてくるのである。

ミース対リートフェルト

シュレーダー邸は、二〇世紀初期のモダニズム建築群の中では、圧倒的に軽やかである。初期モダニズムの傑作を挙げろといわれれば、通常はル・コルビュジエのサヴォア邸(一九三一年、

図7　バルセロナ・パヴィリオン，十字型断面の柱
図8　バルセロナ・パヴィリオン，レンガのディテール

「方法序説」図7参照）とミース・ファン・デル・ローエのバルセロナ・パヴィリオン（一九二九年、「点」図7参照）の名が挙がる。しかし、点・線・面という視点で建築を見直した時、シュレーダー邸の軽やかさは、他の二つを凌駕している。

サヴォア邸は、線と面の建築というよりは、浮かんだヴォリュームであった。二〇世紀のスタンダードであるヴォリューム建築を、単に浮かしただけと捉えることもできる。浮かしただけで特別のものだと錯覚させたことに、コルビュジエの天才があったという言い方もできる。しかし、浮かしたことで、かえって空間としては貧しいものになった。コルビュジエがモダニズム建築の重要な手法として提唱した空中庭園は、大地との関係は薄く、周囲の森とは切断され、貧弱で殺風景である。コルビュジエを訴えたサヴォア邸のクライアントの気持ちはよくわかる。にもかかわらず、「ヴォリュームの世紀」であった二〇世紀には、この寒々とした住宅が、大傑作とたたえられたのである。

バルセロナ・パヴィリオンの柱のディテールを見れば、ミースがヴォリュームの解体に、興味という以上の執念を持っていたことは、間違いない。普通の人には柱は線であると見える。しかしミースには、柱も鈍重なヴォリュームに見えていた。重さを支え、地震に耐えなければならないのだから、当然柱も太さが必要となる。ミースはそれが許せなかった。鉄骨の柱を、角パイプではなく、わざわざエッジの立った十字型断面とすることで（図7）、柱のヴォリューム感は薄れ、エッジのシャープな線が眼を刺激する。ヴォリュームとなりかねない鉄の柱を、ミースは細い線とすることに成功した。

バルセロナ・パヴィリオンの壁もかなり薄い。まず石の下地となるレンガを、普通とは逆の向きで積むことで、トータルで一七センチの厚みの、石とは思えないような薄い壁を作った(図8)。通常、レンガやコンクリートの壁の両側に石を貼り付けると、三〇センチ程度のぼてっとした壁厚になってしまう。ミースの石壁はその標準寸法の半分の薄さである。二〇世紀における面の建築としては、突出して薄い。石工の子として生まれ、石の使い方を熟知したミースだからこそ、石の壁を常識的な収まりでは考えられないほどに薄くすることに成功し、薄い石壁が張り詰めるような緊張感を空間に与えたのである。

しかし、いかにミースでも、シュレーダー邸の家具を思わせるような薄さにはかなわなかった。石工が、家具職人の作り出す薄さにかなわなかったともいえる。しかし、そのシュレーダー邸の薄い面さえも、僕にとっては厚すぎ、硬すぎるように感じられた。そして、面や線の組み合わせ方(構成)を工夫して、全体を軽やかに見せようとする、シュレーダー邸の構成主義的な形態操作も(本章図1参照)、その主知主義的で人間中心的なわざとらしさが鼻についた。

構成主義とは、二〇世紀のヴォリューム主義を隠蔽するための、苦し紛れの発明ともいえる。点・線・面が自由に軽やかに組み合わさり、あたかも踊っているようにふるまうが、構成が自由であればあるほど、作家という絶対者の恣意的な身振りが際立ち、主知主義的ないやらしさが鼻につく。構成するエレメントの重さや厚みを、構成主義がかえって強調してしまう。カンディンスキーの『点・線・面』中の、構成主義的な方法を詳述した部分が、退屈でいやらしく感じられたように。

サハラで出会ったベドウィンの布

ティム・インゴルドが『ラインズ』の中で指摘したように、線には、軌跡としての線(trace)と、糸としての線(thread)の二種類がある。クレルクの椅子の肘掛けに用いられた藁のロープは、生きた線であり、インゴルドの言う糸である。同じように、面にも二つの種類があると僕は感じる。ひとつは軌跡としての面、すなわち、何かの痕跡を記述した死んだ面。もうひとつは、空間の中を自由に舞う、生きた面である。リートフェルトの面は、薄くはあっても、死んでいるように、僕には感じられた。一方、僕の捜している生きた面は、量子力学の超弦理論の比喩を用いるならば、弦のような自由さをもって、粒子と波の二重性の間を振動し続ける面である。

しなやかな面を作り出すには、単に面を薄くするだけでは不充分である。何らかの力、作用を受けて、踊り出すようなしなやかさを持った面を建築に導入することができれば、面を道具に用いて、重いヴォリュームの解体ができるかもしれない。

そんな風に考えていた時、大学院時代、サハラ砂漠での調査旅行で出会った、ベドウィンのテントの記憶が突然よみがえった。木の枝でできた細い支柱を砂に突き刺し、その上に布を架

図9　原研究室，サハラ砂漠調査旅行

け渡しただけの簡単なテントである。遊牧の民ベドウィンは、枝と布をラクダに積んで、サハラを旅していた。テントの薄い膜が、サハラの厳しい気候に耐え、遊牧生活を支えていた。原広司教授率いる僕ら六人の集落調査隊も、同じくテント族であった。プラスチックの細い支柱とナイロン膜の布を組み合わせた日本製の小さなテントを車に積んで、僕らは、ベドウィンに倣ってサハラ砂漠を縦断したのである（図9）。

日本製テントはコンパクトにたたむことができて、モビリティという点ではすぐれていたが、ベドウィンのテントに招かれてお茶をふるまわれた時に、その布の作る美しさ、快適さには、とてもかなわないと感じた。布が、ベドウィン文化の中心を占めているように感じられた。布は砂の上に何重にも敷きつめられ、布の床が、彼らの身体と砂漠との関係性を定義する。冬の夜の砂漠は、かなり温度が落ちるが、ベドウィンは身体と砂の間に布を重ねることで、身体をやわらかく支え、気温の変化に対応し、やわでちっぽけな身体の近傍に、繭のような領域を形成する。布が大地と彼らの身体との関係を定義し、枝によって支えられた薄い一枚の布が、彼らと砂漠との関係を定義するのである。

布はベドウィンの日常のすべてに入り込んでいた。当時、世界的に流行のラジカセは、砂漠の民にとっても必需品のようだったが、そのラジカセを肩から掛けるためにデザインされた布のバッグはあまりに素敵で、ひとつ譲ってもらえないかと頼んだ。あの布のバッグに入れられた途端に、安っぽいラジカセが別のものに見えた。布というしなやかな面は、生活を転換し、世界を変身させる力があった。

ゼンパー対ロジエ

一九世紀の最も重要な建築理論家、ゴットフリート・ゼンパー（一八〇三―七九）は、布という面、すなわち織物に対し、そして編むという行為に対して、異常と思われるほどに高い関心を寄せ、独自の建築理論を打ち立てた。

建築は骨組み（フレーム）からスタートしたとする考え方が、ルネサンス以降の西欧の建築家を支配していた。すなわち、線を強固に組んだフレームを使って、建築を説明し、建築を作ろうとする論理である。

フレーム主義の代表は、丸太の骨組みから建築は始まったとするロジエ神父の『建築試論』（一七五三年）である。先述の通り、ロジエの絵はいまだに、多くの建築の教科書で、建築の始まりを説明するのに使われている（「点」図3参照）。そして今日でも建築構造の主流はラーメン構造である（「点」図17参照）。工事現場に建てられた、柱と梁のラーメン構造のフレームを見るたびに、ロジエのフレーム主義がいまだに建築の基本であり、人間が作る環境を支配していることを突き付けられているようで、暗い気持ちになる。

日本の伝統木造建築は、柱と梁の組み合わせなので、ラーメン構造と思われがちだが、実はそうではない。すなわちフレーム構造ではない。ラーメン構造とは違って、柱と梁の接点は、がっちり固められてはおらず——剛接合ではなく——ボルトも釘も使わずに、材料同士を欠き込んで、組み合わせているだけである。すなわちゼンパー流にいえば、柱と梁とが編んであるだけである。そんなゆるいジョイントが、なぜ地震国で生き残ったのだろうか。

その秘密は、柱と梁の間を土壁、欄間、襖、障子をはじめとする様々なやわらかな装置でつないできたことにある。日本の土壁は、組積造の石やレンガと違って、やわらかであり、柱や梁ともゆるく接合されていて、地震がきたら簡単にひびが入ってしまうような、頼りないものであった。しかし、この頼りなさによって、地震力を吸収していたのである。襖や障子のような、最も頼りなく見えるものも、地震力を吸収していた。このゆるく曖昧なシステムで、日本の木造建築は地震に耐えてきた。ガチガチに固めない方が耐震性が高いという解答に、日本人は経験を重ねて辿り着いたのである。柱と柱の間に存在していたこのようなやわらかな装置が、最近は注目され、柱間装置という特別な名前で呼ばれるようになった。

ヨーロッパでも、ライン川の谷には大きな断層があって、地震が起こるが、この地域でも、木造の柱と梁の間を、土壁で埋めたやわらかな構造システムが主流となっている。かの地の人々もまた、地震の経験を重ねたことによって、日本の木造と同じ知恵に到達したのである。近代の建築がフレーム主義、すなわち幼稚な図式主義に支配される前には、世界には多様な織物建築が存在し、人々は織るように、やわらかな建築を作ってきたのである。

一方ゼンパーはロジエ流のフレーム主義を否定し、建築はフレームではなく、覆いであり織物であると定義した。フレームがなくても覆いは成立すると、ゼンパーは考えた。彼は脱フレーム主義のパイオニアだったのである。

ゼンパーがそう考えるようになったきっかけは、一九世紀最大の国際イベントであった万国博覧会で展示された、辺境の集落であったと考えられている。クリスタル・パレスで開かれたロンドン万博(一八五一年)の展示デザインに携わったゼンパーは、実際の原始的な住居に触れて大きな衝撃を受けた。僕がベドウィンの布の住居に衝撃を受けたように、ゼンパーは西欧の外部に位置する、辺境の集落に出会うことで、織物の重要性に気づき、織物主義を生み出した。ゼンパーの父親が繊維関係のビジネスをしていたことも関係していたかもしれない。父親が扱っていた布は、辺境の布ほどには、自由でしなやかなものではなかっただろうが。

フランクフルトの布の茶室

僕も、建築を作りはじめる直前にベドウィンのテントに触れて以来、いつかあのような布の建築、薄くしなやかな面の建築を作りたいと、密かに思い続けていた。しかし、布で建築を作れるチャンスなど、めったにめぐってこない。

はじめてのチャンスは、だいぶ後になって、ゼンパーの母国ドイツ、フランクフルト美術工芸博物館からやってきた。ライン川の脇、美術工芸博物館の庭で、はじめて布の建築を実現することができた(二〇〇七年)(図10)。

図 10　フランクフルト美術工芸博物館の図録

当時の美術工芸博物館のシュナイダー館長は、僕に会うなり、「ミュージアムの庭に茶室を作って欲しい」と宣言した。「でも、あなたがいつもやっているような、木や土壁の建築はだめですよ。ドイツのヴァンダリズムで、次の朝には、もうぼろぼろになっちゃいますからね」というのである。

じゃあコンクリートや厚い鉄板で茶室を作れというのだろうか。今まで自分がやってきた「負ける建築」「弱い建築」を、自分から否定しろというのだろうか。呆然とし、答えに窮した。

日本に戻って少し頭を冷やしたら、妙案を思いついた。布を使って簡単に組み立てられるインスタントな茶室を作り、使い終わったら、小さくたたんで、美術工芸博物館の倉庫の中にしまって保管するという案である。相手の提案を逆手にとった、ある種、やけっぱちなアイデアだった。相手が攻めてきたら、面と向かって戦うのではなく、相手のロジックを逆手にとって攻め返すのが、僕のやり方である。その時大事なことは、突飛な、受け入れてもらえる確率の低い案でも、技術的にしっかりと裏付けをとっておくことである。夢ではなくて、実現可能だということを、詳細に詰めるのである。立派な模型も作る。そうやってこちらの本気度を示すと、相手を動かすことができる。もちろん、一〇〇パーセントの確率ではないけれど。

次の打ち合わせで、シュナイダー館長は、インスタントな布の茶室のアイデアにゴーを出してくれた。模型も図面も、無駄にはならなかった。

ひとくちにインスタントな布の茶室といっても、色々なやり方が考えられた。ベドウィンの

図11　二重膜の断面図

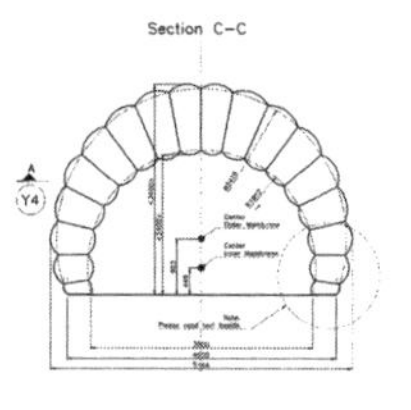

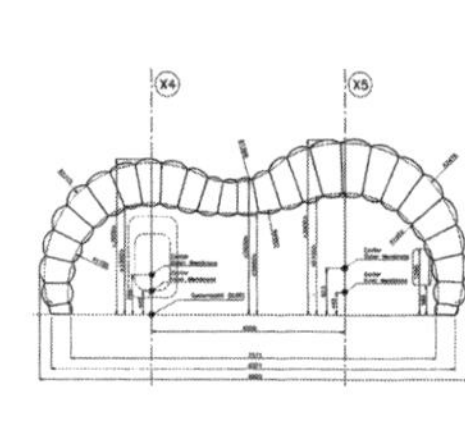

木を骨組みとするテントや、僕らがサハラで使ったテントのように、軽い骨組みを立てて、そこに布を張るというやり方もある。しかし、このやり方で現代の耐震基準に合うものを作ろうとすると、布の建築とはいえ、骨組みがごついものになってしまい、フレームが主役になってしまう。せっかくロジエ神父のフレーム主義を否定し、ゼンパー流の織物建築へと向かおうとする僕の本意とずれてしまう。

なんとか布が主役になるインスタント建築はできないものかと探って、二重膜の間に、空気を注入する方式を思いついた。このやり方だと、材料は布と空気だけだから、骨組みではなくて、布がしっかりと主役になる。ゼンパー流の織物主義を、現代に再生することができるかもしれない。

コンプレッサーのスイッチを入れて、空気の力で二重膜がどんどんふくらみ、茶室が立ち上がっていくプロセス自体も見せたかった。痕跡としての死んだ線の代わりに、生成され続ける生きた線(糸)を追究する僕としては、面においても、軌跡となった面ではなく生きている面を求めたい。ふくらむ布はまさに生きている面であった。

さらにいいことに、二重膜(図11)の間の空気層が断熱の役割を果たすので、フランクフルトの寒い冬でも、しのぎやすい茶室を作ることができる。ゼンパー流の織物建築は、その場所の環境、風土に適した素材を集め、編み込んで、過ごしやすい覆いを作るというやり方である。まずフレームありきの堅苦しいロジエ主義ではなく、寒ければ布を重ね着すればいいという場当たり主義が、ゼンパーの織物主義の基本なのである。

先述したように、現代のコンピューター・テクノロジーは、建築に加算性を取り戻した。アルベルティ以降、ルネサンス以前の建築に存在していた加算性が失われ、減算(引き算)を基本とする貧しい建築が世界を支配した。しかし今、完結せずに、次々直し続け、足し続ける建築が、コンピューター・テクノロジーによって可能となったのである。そしてまたコンクリートは減算という方法と相性がいいのに対して、重ね着のできる布は、加算という方法と最も相性がいい素材である。

フランクフルトの茶室で一番難しかったのは、何百回、何千回ふくらましても、へたってこない布を探すことであった。ドーム球場は一種の膜建築だが、使われている膜は、一度張ったらそのままで、運んで建てて、また運ぶという遊牧民的な使い方を前提にしていない。見た感じも、コンクリートで作ったドームのように、硬くて重たいので、スポーツを見ていても、開放感を味わうことができない。また運動会のテントに使う、白いポリ塩化ビニル製の膜も、繰り返し、拡げたりたたんだりできるような耐久性はない。僕らの生活自体が固定化し、硬直化しているせいで、遊牧民のようなやわらかな布が、失われてしまったのである。

やっと見つかった布は、ゴア社製のテナラという名前の新素材であった。厚みは〇・三八ミリしかないので、ドーム球場の膜よりはるかに薄く、抜群の柔軟性と透過性があった。二重にしても、太陽光が充分入ってくる。二枚の膜の間に約六〇センチピッチで糸を張り、膜同士を

図12　フランクフルトの布の茶室，2007年
図13　茶室，内観

つないでおくと、空気を注入した時、こちらの思った通りの形になる。その糸の線が内部からも透けて見えるので、面の建築でありながら、糸(線)の建築の繊細さが感じられるものになった。

全体はピーナッツのような、二つのふくらみを足した形状になっている(図12・図13)。ひとつのふくらみがお点前をする広間の空間で、もうひとつが準備をする水屋の空間である。その間に屏風を立てて、やわらかく分節されながら全体はつながっている(図14)。

しなやかな面の建築は、シュレーダー邸やバルセロナ・パヴィリオンのような硬い面を組み合わせて作った建築と違って、やわらかく微妙に、空間を変化させ、操作していくことができる。空間をしぼりこんだり、ひねったり、ゆがませたりすることも自由にできる。お茶を飲む場と準備する場をつなぎながら区切るなどという、曖昧で微妙なことだって、簡単にできてしまう。面が生きていると、その中に様々な場や行為を並列させたり、重層させたりできるのである。ベドウィンのテントの中で、色々な行為、色々な生活が重なりあっていたように。

フランク・ロイド・ライトの砂漠のテント

フランクフルトのラインの河畔に膜の建築を作った後、今度は北海道の原野で、膜の建築を建てることになった。帯広に近い大樹町(たいきちょう)の土地を友人が手に入れて、そこに、環境実験住宅の

図 14　茶室，内観．中央に炉が切られている．屏風の向こう側が水屋

図15　タリアセン，設計：ライト，1911年

村を作りたいというのである。北海道の厳しい自然に耐え、しかも環境にやさしい実験住宅を作るというのが、僕に与えられた課題だった。

環境にやさしい住宅、別の言い方をすればサステナブル住宅は、現代の建築の緊急の課題である。高性能断熱材を使ったり、太陽光パネルを屋根に載せたりするのが、持続可能性(サステナビリティ)に対する優等生的な解答であった。

もちろんそれもひとつの解答であるには違いないのだが、断熱材を厚くすればするほど、屋根にパネルを載せれば載せるほど、建築は、分厚く、重装備になる。どんどん大げさなものになってしまう。北海道の自然の原野に暮らすのには大げさすぎて、それが未来の家の姿とは、到底思えなかった。地球環境を考えた結果が、そのような大げさであつ苦しいものに向かうというのは、直感的に、身体的に受け入れがたかった。

もやもやと悩んでいる時に、二つの住宅がヒントを与えてくれた。ひとつは、フランク・ロイド・ライトが七〇才で、砂漠に住むことを決意した時に建てた、テントのような家である。ライトは肺が弱く、肺炎に罹らないためには、暖かい場所に移住しろと、医師から忠告された。極端を好むライトが選んだのは、アリゾナ州のフェニックス近郊の砂漠の中の土地だった。七〇才の老人はサボテンしか生えない砂漠で、テントのような家に住もうと決心したのである。

それまでライトの本拠地は、生家の近く、シカゴの北西の、ウィスコンシン州スプリング・グリーンであった。そこにレンガと木を使ってアトリエと住まいを建て(図15)、タリアセンと

図16　タリアセン・ウェスト，設計：ライト，1937年．ガーデン・ルームをのぞむ
図17　タリアセン・ウェスト，室内の様子

呼んだ。ファミリーの出身地、イギリスのウェールズの言葉で、タリアセンは、輝く額を意味した。ケルト神話の芸術をつかさどる妖精がその語源といわれ、額に汗して働こうというメッセージと、丘の上の斜面に建つ家という両方の意味が兼ねられていた。ライトは豊かな緑の中で暮らし、仕事に励んでいた。

ところが七〇才を超えたライトは、突如アリゾナの砂漠の中に、新しい拠点を作ったのである。夏は涼しいウィスコンシン、冬は暖かいアリゾナに住むという、一大決心である。アリゾナの拠点はタリアセン・ウェストと命名された。

その砂漠の拠点はキャンプのようでなければならないと、ライトはその場所をキャンプと呼び続けた。そしてキャンプの建築は、テントのように軽やかでなければならないと、ライトは考えた。

しかし実際に、砂漠の中に布の建築を建てて暮らすことは、容易ではない。まして、住むのは七〇才を過ぎた老人である。ライトは木綿のキャンバスやプラスチックのような薄く軽やかな素材を使って、テントのしなやかさを実現したが(図16・図17)、砂漠の中に住むだけでも大変なのに、そこで膜の家に住むことは、さらに難しかった。なぜ、そこまでキャンプにこだわり、布を求めたのだろうか。ライトと共にアリゾナの砂漠住まいを命じられた弟子達はとまどい、キャンプから離脱した者も多かった。

しかし、今の僕はライトの気持ちがよくわかる。厳しい自然の中だからこそ、テントのような軽やかな建築の中で、その自然と一体となって暮らしたいのである。北海道だからこそ、テントで暮らさなければいけないのである。

図18　チセ

大樹町の布の家

もうひとつのヒントを与えてくれたのが、北海道の先住民、アイヌの人々が暮らしていたチセと呼ばれる家である(図18)。チセは、北海道の原野に自生する熊笹で作られていた。屋根だけでなく、壁まですっぽり熊笹の葉で覆われていて、まるでぬいぐるみのようにやわらかな、フワフワとした家であった。

熊笹の薄い葉っぱ自体に断熱性能があるわけではない。葉っぱをたくさん重ねることでできる空気の層が、断熱材の役割を果たしていた。空気自体が熱を遮断し、冬の寒さから生活を守ってくれていたのである。この考えを応用すれば、二枚の布の間の空気層を使って、断熱ができる。その布の間に、電気ヒーターを仕込み、暖めた空気をうまく循環してやれば、厳寒の北海道でも、断熱材なしのテントに住めるかもしれない。環境エンジニアの馬郡(まごおり)文平さんに相談したら、その考えはおもしろい、新しいと、早速計算を始めてくれた。プラスチックで作られた分厚い断熱材がなくても、充分にサステナブルで、環境にやさしい家、メム・メドウズ(二

図19　メム・メドウズ，2011年
図20　メム・メドウズ，イロリのある内観

〇一一年）を作ることができた（図19・図20）。断熱材がないから、太陽の光が直接、家の中に射し込んでくる。日が昇れば明るくなり、日が沈めば暗くなって、その自然のリズムとひとつになって、原野の中で暮らすことができる。この大地との一体感こそが、布の建築の本質であり、ライトがアリゾナの砂漠で捜し続けていた本物の生活だと感じた。

チセでは、人々は地面と床との間にスペースを作らず、大地がそのまま床になって、大地の上に直接座り、眠る暮らし方をしていた。床を持ち上げて、その間に通風のためのスペースを作る、通常の日本家屋の建て方とは異なる。そして、チセの土間の真ん中には、イロリが切ってあった。アイヌの人達は一年中、イロリの火を絶やさなかった。火が燃え続けることで、大地そのものを、一年中暖め続けた。夏に暖めた分の余熱が、厳しい冬でも残っている。専門的な言い方をすれば、土を蓄熱装置——ヒート・ストレッジ——として使っていたわけである。

アイヌの柔らかい家は、下からゆっくりと暖められ続けていた。アクティヴ（能動的）な冷暖房機を用いずに、生活空間の環境をコントロールするこのチセのようなやり方を、パッシヴ（受動的な）冷暖房と呼び、その方法で作られた家をパッシヴ・ハウスと呼ぶこともある。熊笹のチセは、まさにパッシヴ・ハウスの先駆者であった。その仕組みを使えば、この軽やかで頼りない布の家だって、その下のどっかりとした大地の助けを借りて、充分に快適な家になりえるはずである。

チセに倣って、僕らの布の家、メム・メドウズも、床の真ん中にイロリを切った。イロリの火を囲んで、目の前の川をあがってくる鮭の串焼きを食べるのもいい。メム・メドウズのイロリは大地と直接つながっていて、家は大地とともに呼吸していた。ちなみに「メム」はアイヌ語で泉という意味で、このあたりは、昔から泉のたくさん湧く場所だった。

布の家のおもしろさは、布の家が結局のところ大地の家でもあるということである。布は一見、頼りなく見えるけれど、頼りないがゆえに大地という生き物の生理をうまく利用できる。その結果、布の家は大地に守られることになる。

メム・メドウズの暖かい床の上にごろごろしていたら、サハラ砂漠でのテントの暮らしを思い出した。サハラは日が暮れるとぐんと冷え込み、僕らはセーターを着こんだ。しかし、地面だけは朝まで暖かった。布一枚はさんで、そこには暖かくやわらかな砂があった。サハラの暖かい砂の上でぐっすりと眠った感触が、体の中によみがえってきた。

災害から人を守るカサ・アンブレラ

ヴァンダリズムがきっかけとなってフランクフルトの布の茶室ができあがり、北海道の寒さがきっかけとなって、メム・メドウズという布の建築が原野に建ち上がった。そして次に、大災害の連鎖をきっかけとして、カサ・アンブレラ(傘の家)という布の建築がミラノに建ち上がった(二〇〇八年)。

ミラノ・トリエンナーレ・ミュージアムから出展依頼のメールがきたのは、二〇〇七年であった。世界中で災害が頻発しているので、大災害から人間の命を守る、新しいタイプの避難住宅――カサ・ペル・トゥッティ(みんなの家)のデザインを提案して欲しいというのである。世界から指名された数人の建築家が、各自が提案する避難住宅を、そのままトリエンナーレ・ミュージアムの庭園に建設するという画期的な企画だった。

スリランカに大きな津波をもたらしたスマトラ沖地震(二〇〇四年)、ハリケーン・カトリーナによるニューオリンズの大洪水(二〇〇五年)、中国の四川大地震(二〇〇八年)など、二〇〇〇年代は大災害が続いた時代であった。その後に、二〇一一年の三・一一がくる。地球が壊れつつあると、誰もが感じはじめていた。

今から考えれば、二〇世紀というのは、自然災害が比較的少ない、ある意味で運のいい時代であった。再び地殻変動は激しくなり、そこに地球温暖化も重なって、どんな災害がいつやってきても不思議ではない。そんな大災害時代に、布で人間を救うことができないだろうかと、僕は考えはじめた。

傷ついた人間を救うために、布は昔から使われてきた。包帯を傷に巻き、湿布で体を冷やしたり、温めたりしてきた。入院した時のベッドのシーツの感触も、忘れがたい。人間は弱れば弱るほど、布というやわらかく、しなやかな面を必要とするのである。布にはそんな不思議な治癒力、いやしの力が秘められている。だからベドウィンは、サハラの過酷さの中で布に頼り、ライトはアリゾナで布にこだわったのである。

「Casa per Tutti」という展覧会のタイトルを読み返しているうちに、ひとつのアイデアが浮かんで、突然笑い出してしまった。Casa はイタリア語では家の意味だけれど、日本語では傘である。傘みたいな避難住宅は、ありえないだろうか。傘は、布を使って、雨や日射しから僕らを守るための道具である。雨が降ったらさっと傘をさすようなしなやかさで、災害がきたら、傘のような家を建てて、身を守るのである。

まず思いついたのは、ひとつの巨大な傘のような建築である。傘の骨を太くすれば、構造的には作れないことはないが、そんな大きな傘をどこにしまっておいたらいいのだろうか。大きい傘にすることで、フレームがごつくなってしまうのも、嫌だった。フレームを否定して、覆いへ向かおうとするゼンパー主義の僕には、大きな傘はふさわしくないと感じた。

傘を使うならいっそのこと、普通の傘をたくさん持ち寄ってつなぐことで、ひとつの避難住宅を作ることができないだろうか。誰もが家の傘立てに一本、その傘を立てておいて、地震や津波が来たら、その傘を持って逃げる。同じ傘を持っている人間同士が、仲間になって、それぞれの傘をつぎ合わせ、ひとつの避難住宅を協同で組み立てるというストーリーが頭に浮かんだ。傘を編む、ゼンパー流の織物主義である。身近なものをかき集めてきて巣を作る、トビケラ的な方法と呼んでもいい。これなら、カサ・ペル・トゥッティ(みんなの家)というテーマにも、ぴったりである。小さく弱い個人が助け合うように、小さくて弱い傘が集まることで、み

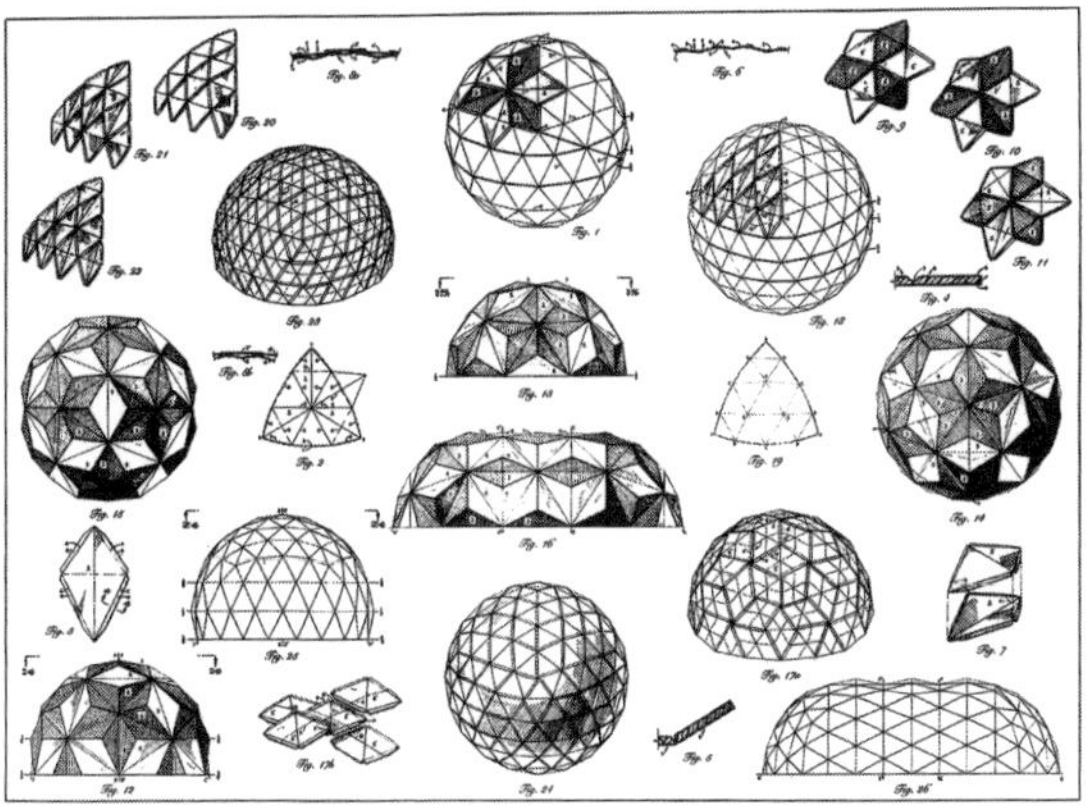

図21　フラーによるドームのスタディ

んなを守るのである。

フラー・ドームと建築の民主化

ひとつのストーリーが描けたならば、あとは技術的にそれを解決するだけである。小さなユニットを組み合わせていって、ドーム状の建築を作る実験は、アメリカの天才的建築家で、デザイナーでもあり思想家でもあったバックミンスター・フラーが繰り返し行っていた。フラーは、四角いハコのような建築を壊そうとした先達で、建築から車まで幅広くデザインし、学生時代からの僕の憧れのヒーローでもあった。建築家という絶対的な存在が、特異な造型の建築をデザインするという、ヨーロッパ的でエリート主義的な建築家像をフラーは批判し続けた。アルベルティ以降の特権的な建築家像を壊そうとし、草の根の建築、建築の民主化をめざして、一生闘い続けた。「宇宙船地球号」というのも彼の造語で、地球環境の危機をいち早く唱え、その解決のためには、最小の物質を使って、最大のヴォリュームを獲得することができるドーム建築が最適であると主張した。得意の数学を駆使して、正一二面体と正二〇面体が、ドーム構造に適していることをフラーは証明し(図21)、誰もが自分で作れる民主的建築というアイデアを実証するために、学生達と一緒に、ワークショップというやり

図22　学生と建設したフラー・ドーム
図23　モントリオール万博のアメリカ館，設計：フラー，1967年

方で、たくさんのフラー・ドームを建設した(図22)。

僕の大学時代の恩師の内田祥哉教授も、フラーの大シンパであった。内田先生は、同じく東大の建築学科で教鞭をとった丹下健三に批判的で、丹下のような造型第一主義の特権的な建築家像をくつがえそうと、様々な研究や実験を繰り返していた。フラーがドーム球場設計の相談を読売新聞社から受けて訪日した時、内田先生はフラーの案内役を務め、建築の未来について語りあった。僕もその影響で学生時代、フラー・ドームに挑戦した。しかし、実際やってみると、フラーがいうほど、フラー・ドームを作るのは簡単ではなかった。フレームを加工して正一二面体や正二〇面体を作るのはとても難しいし、ジョイント部分の防水も弱点で、フラーの予測ほど、フラー・ドームは普及することはなかった。モントリオール万博(一九六七年)のアメリカ館(図23)などの、特殊な用途の建物のための、特殊な建築技術という位置づけに終わってしまった。

ドーム建築という課題を、ロジエ的なフレーム主義で解こうとしたことに、フラー・ドームの限界があったと僕は感じる。フレームとは図式であった。そのロジエ流のフレーム主義は主知主義的な図式主義であり、複雑にからみあったこの世界を、フレームという乱暴な図式で簡略化して、無理やり計算に当てはめようとする。フレームに簡略化すると、頭の中で解けたように錯覚してしまうが、フレームと現実との間には大きなギャップがあり、現実を構成する

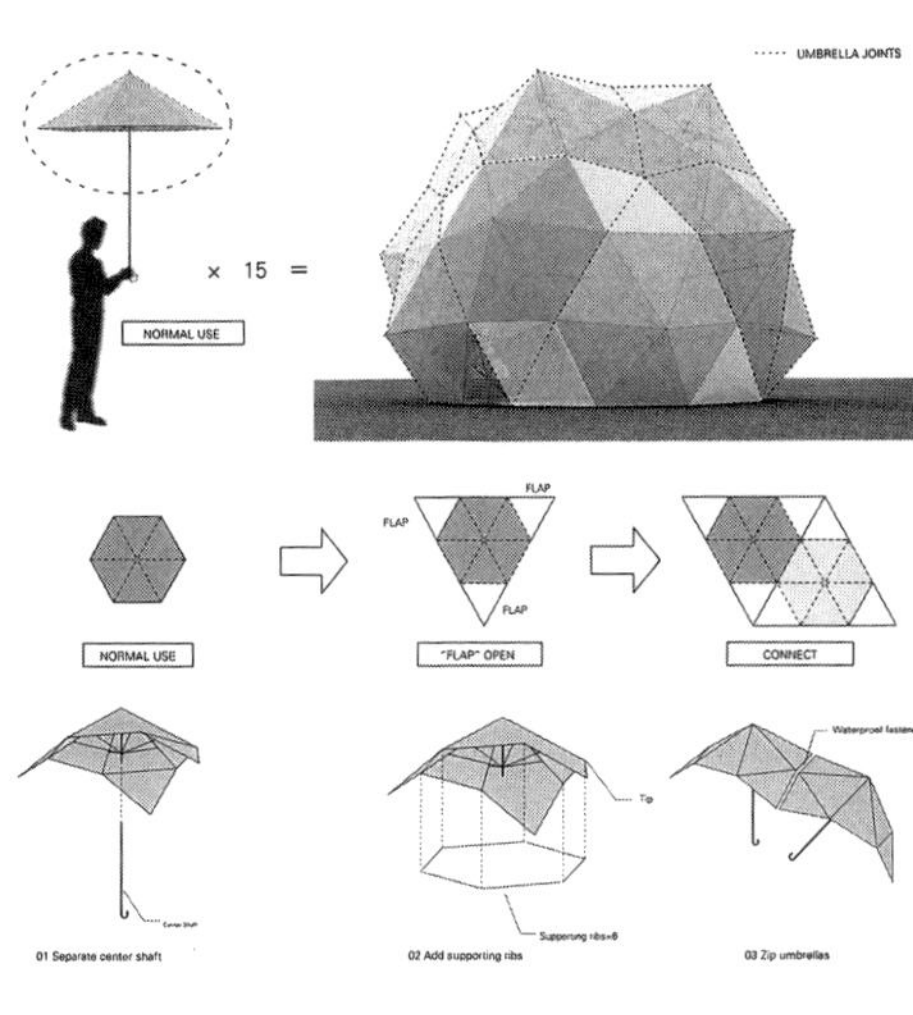

図24　傘のドーム構造

様々な小さな物達がフレームの間からボロボロと砂のようにこぼれ落ちてしまうのである。

しかし、フレームに頼らずに、小さな傘をそのままどんどんつぎ足しただけでドームができるなら、フラーがめざした究極の民主的建築に、一歩近づけるのではないか。

ロジエ神父由来のフレーム主義から、ゼンパー流の織物主義への転換をめざす僕としては、傘という小さな日用品を編んでみんなのドームを実現し、建築の民主化に向けて一歩を踏み出し、フラーの闘いを継承したい。

構造エンジニアで、僕が何を求めているかを一瞬で理解してくれる江尻憲泰さんに相談してみたら、補強のフレームを足さなくても、普通の傘を次々につないでいくだけで、しっかりとしたドームができるという答えがかえってきた。一五個の傘を繋ぎ合わせてドームを作るのが、幾何学的に見て、理にかなっているらしい。

ただし、単位となる傘には、ちょっとした工夫が必要だった。傘というのは、六つの三角形を組み合わせた六角形だが、ひとつひとつの傘に三角形の布を三つ足さないと、閉じたドームにはならないことがわかった(図24・図25)。三つの余分な布が傘と傘の間の隙間を埋めて、完璧なドーム構造になるというのである。ちょっと不思議な形をした傘になるが、この余分な布がついていることで、かえって、傘仲間を見付けやす

図25　三角形の布が足された傘
図26　傘のドームについた窓

くなる利点もある。三角形の布は、開閉可能な窓としても使える。通常のフラー・ドームには窓がないが、傘のドームにはジッパーで開け閉めできる窓までついていて、通風をとれるのである（図26）。

一五人の傘仲間が見つかれば、それぞれの傘の縁に取り付けたウォータープルーフのジッパー同士を縫い合わせて、傘をどんどんつなぎ、編んでいけばいい。傘という安価な日用品を寄せ集めるだけで、僕らを守る覆いができてしまうという、究極のゼンパー主義的、トビケラ的な建築である。フラー自身が作ったフラー・ドームの骨に比べて、普通の傘の骨は、はるかに華奢で細い。まさに骨（フレーム）がなくて、覆いだけの建築に見える。なぜそんな細い骨で、ドームを支えられるのだろうか。

テンセグリティで地球を救う

江尻さんは、骨と膜とが助け合って一種のテンセグリティ構造を形成するから、普通の傘を支えるあの細い骨で直径五・三メートルのドームを支えることができると、自信満々であった。テンセグリティ構造もまた、バックミンスター・フラーが提唱した、効率性がきわめて高い天才的な構造システムである。フラーの頭の中には、絶えず地球資源の有限性という問題意識があった。閉じた宇宙船の中で、みんなが好き勝手に生きていたら、大変なことになる。人口の爆発、都市の拡大のせいで、地球はすでに宇宙船と呼べるほどにちっぽけで、頼りない存在

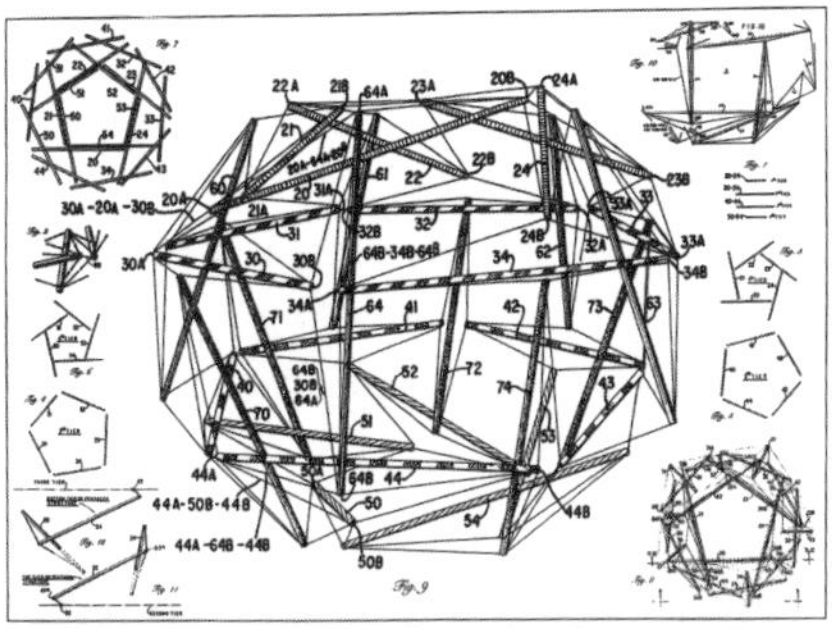

図27　フラーによるテンセグリティの解説図
図28　フランスのテクナル社とコラボして作ったテンセグリティ

だとフラーは直感した。そのちっぽけで危なっかしい地球を、フラーは宇宙船地球号と呼んだのである。

まさに彼は現代の地球環境の危機を予告していた。その有限な資源を長持ちさせるためには、物質の効率性を最大限に高めなければいけないと、フラーは考えた。ある物質(たとえば鉄)を構造材料として使う時、最も効率性が高いのは、それを引っ張り材として使うことである。鉄でできた細いワイヤーを引っ張り材として使えば、重たい石を吊り上げることもできる。しかし圧縮材(たとえば柱)や曲げ材(たとえば梁)として鉄を使うと、効率ははるかに落ちてしまう。太くてごつい鉄の梁でないと、重い石を支えることはできない。しかし、だからといって、ワイヤーだけだと、だらっとしたままで地面から立ち上がれず、建築にならない。そこで、引っ張り材(ワイヤー)と圧縮材(棒)とをうまく組み合わせれば、最も効率性の高い建築ができることを、フラーは発見して、その構造システムのことをテンセグリティ構造と呼んだ。テンション(引っ張り)を活用して到達する、インテグリティ(統合)システムなので、彼はそれをテンセグリティと命名したのである(図27)。この魔法の構造システムを上手に使えば、まるで無重力状態の中に建つ建築のようなものが実現する。

図29　ダイマキシオン・ハウス，設計：フラー，1945年

僕はこのテンセグリティに昔から興味があって、様々な実験を繰り返してきた(図28)。糸のような細い線を使いながら、強い構造体が作れるところが、魔術的であった。圧縮材のピースは、一種の点であると見立てることもできるので、点と線を編んだ構造システムと呼ぶこともできる。石のような点を積み上げていくやり方だと、どうしても重たい建築になってしまうのだが、線を使い、しかも線の張力を使うという発想の転換だけで、このように軽やかな構造体ができるのである。テンセグリティが建築の歴史を塗り変えるような予感があった。

しかし、フラーはなぜか、自分のフラー・ドームには、このテンセグリティ構造を採用していない。フレームだけでドームを支えて、フレームとフレームの間を、膜やガラスで埋めるというのが、フラー・ドームの構造システムだった。膜やガラスは構造には役に立っていない。あの天才フラーといえども、フレーム主義からは逃れられなかったともいえる。

フラーはあらゆる面で、二〇世紀を超えようと考え、挫折し続けた人であった。短期間で施工可能で超ローコストな(当時、六五〇〇ドルでできることを売り物にした)、プレハブ式のドーム型住宅、ダイマキシオン・ハウスを発売したが(一九四五年)(図29)、飾りのついた昔ながらの四角い家を好む二〇世紀のアメリカ人からは受け入れられず、たちまち倒産に追い込まれた。

フラーは早く生まれすぎた人間であった。二〇世紀を超える夢をたくさん持っていたが、二〇世紀の技術の限界、人々の趣味の限界で、夢はつぶされた。フレーム主義をベースとするフラー・ドームも、結局二〇世紀という時代には受け入れられなかった。

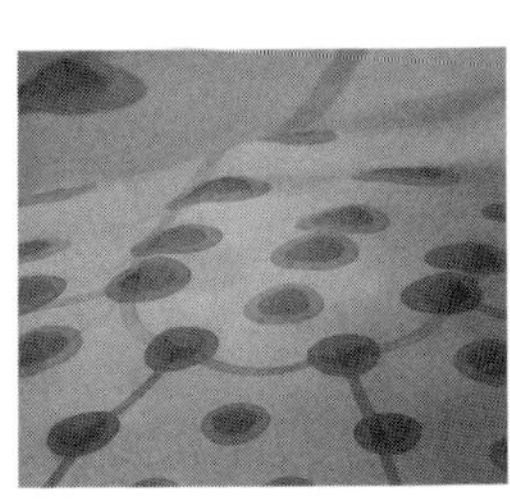
図30　外側の膜と内側の膜を結ぶ糸

僕らは、フラーの思想を使って、フラーの実践を超えようとした。すなわち、フラー自身のテンセグリティを借りることで、フラー・ドームのフレーム主義、ロジエ主義を超えようとした。僕らのテンセグリティ・ドームのミソは、通常のテンセグリティが、木＝線を引っ張り材として使っているのに対し、膜＝面を引っ張り材として使ったことである。糸を使ったテンセグリティは、細い糸がほとんど見えなくなるので、アクロバティックな透明感がある。僕らは逆に、面を引っ張り材として使うことによって、内外を仕切る材料としての膜ではなく、構造材料としての膜、構造材料としての面の可能性を発見することができた。きわめて薄い面が、建築を支える構造材になり、素材の節約が可能となるのである。

細胞のテンセグリティ

テンセグリティという考え方は、生物学の世界でも注目されている。ドナルド・イングバー（一九五六―　）という細胞生物学者が、細胞はテンセグリティ構造をしているといいだしたのである。一九七〇年代、イエール大学の学生であった彼は、細胞をペトリ皿に載せると、ぺたっとつぶれてしまうのに、それに酵素を入れて皿から離すと、丸くふくらむのを見て、理由を考えはじめた。その数日後に、彼は偶然、デザインの授業でフラーのテンセグリティ構造について教わった。勘のいいイングバーは、そのふくらんだ細胞こそ、テンセグリティに違いないとひらめくのである。

図31　傘と傘をジッパーでつなぎ，真っ白のドームが建ち上がるまで

細胞を、中にジェルが入ったただの風船だと考えると、このふくらむ現象が説明できない。しかし細胞の中に、細胞骨格という名の、タンパク繊維群が作る三次元の網目構造が隠れていたのである。この網目の引っ張り(テンション)を利用して、細胞は形を保っていた。それぞれの細胞は、焦点接着斑と呼ばれる点を介して、細胞を囲む基質に接着しているので、細胞の外部の力学的環境がリアルタイムで、タンパク繊維のネットワークを介して、細胞の隅々に伝わる仕組みだったのである。この仕組みは、僕らがフランクフルトに建てた茶室の二枚の膜と、その間をつなぐ糸(線)の関係によく似ている(図30)。

細胞は孤立した点ではなく、面の引っ張り力、面の中に潜んでいた糸の引っ張り力を媒介として、相互につながりあい、重力のある世界の中で形を支え、重力と折り合いをつけていたのである。フラーが未来の構造システムとして提唱したテンセグリティとは、そもそも、生物の基本原理でもあったのである。

再びゼンパーとロジエの喩えを用いれば、生物は骨(フレーム)を構造とすると考えていたロジエ主義的生物観に代わって、点・線・面がネットワーク的にも統合したものが生物の体を支えているという、ゼンパー主義的生物観へと、生物学も向かっている。フラーは、建築の未来を予言していただけではなく、生物学においても、予言的役割を果たした。イングバーを媒介にして、フラーのテンセグリティが、生物学の世界にもひとつの転換をもたらしたのである。

傘のドームを作るにあたって、一番の苦労は、実はミラノに来る前にあった。この特別な形の傘自体を作れる工場が、日本では見つからなかったのである。僕らが使っている傘は、すべて中国などの外国製品だった。八方手を尽くして、やっと飯田純久さんという、傘のアートで知られるアーティストに出会うことができた。飯田さんは、アート作品として、様々な形状の傘を、手作りで製作していた。ジッパーと三角の布のおまけがついた傘など簡単ですと、僕らのオファーを気安く受けてくれた。

図32　傘のドームでの宴会

しかし、飯田さんは、一人で一個一個手作りで傘を作る。傘作りという小さな技術だけを使って、一五人のための大きな建築ができてしまうのは画期的なことだが、いかんせん、飯田さんという一人の人間の小さな手だけが頼りであった。オープニングまでに、一五個の傘がミラノに届くだろうか。そしていよいよ、ミラノの会場の緑の芝生の上に、一五人の学生が集合し、ハラハラしながら、傘を待った。

ギリギリで傘が到着し、一五人はたちまちジッパーで傘と傘を編み込み、真っ白の傘の家を建ち上げた(図31)。できた傘のドームの中で、宴会が始まった(図32)。一五個の傘でできた空間は、一五人の人間が暮らすのにたっぷりな空間だった。この特別な傘を玄関の傘立てに置いておけば、どんな災害が起きても、それを持って逃げればなんとか助かると考えると、ちょっと安心できる。やさしい傘の家が、仲間を守ってくれるに違いない。しなやかな布の力が、そんな安心感を与えてくれる。傘の家にはフレームというごつい存在がないので、衣服にくるまれたような安心感がある。白い膜で覆われた空間は、白くやわらかな光で満たされて、癒されるようなやさしい空間になった。ゼンパーとフラーとサハラ砂漠の知恵が一緒になって、ミラノで花が開いた。

八〇〇年後の方丈庵

鴨長明(一一五五頃―一二一六)が『方丈記』を書いてから八〇〇年がたったことを記念して、「現代の方丈庵」をデザインしてくれないかという依頼が、突如舞い込んだ。敷地は鴨長明が実際に暮らしていたという京都、下鴨神社の境内である。長明は下鴨神社の禰宜、鴨長継の次男であった。

小さく貧しい家こそが素晴らしいという、『方丈記』の思想には、昔から興味があった。戦乱、天変地異、飢饉が相次いだ厳しい時代と、挫折につぐ挫折であった彼自身の人生が、長明の思想、長明の建築観を生んだ。災害が重なるひどい時代が、傘の家を生むきっかけとなったように、ひどい時代、ひどい境遇から、新しい建築が生まれる。「ゆく河の流れは絶えずして、しかももとの水にあらず。よどみに浮ぶうたかたは、かつ消えかつ結びて、久しくとゞまりたるためしなし。世中(よのなか)にある人と栖(すみか)と、又かくのごとし。たましきの都のうちに、棟を並べ、甍を争へる、高き卑しき人のすまひは、世々を経て尽きせぬ物なれど、是をまことかと尋ぬれば、昔しありし家はまれなり。或は去年焼けて今年作れり。或は大家滅びて小家となる。住む人も是に同じ。所もかはらず、人も多かれど、古見し人は二三十人が中に、わづかに一人二人なり。朝に死に、夕に生るゝならひ、たゞ水の泡にぞ似たりける」（『方丈記』）。

僕が一番興味を持ったのは、長明自身が、実際に移動可能な、一種のモバイルハウスに住んでいたという伝説である。彼は方丈（三メートル角）の小さい家を理想としただけではなく、彼の小さな家は、台車に乗せて、運搬可能だったという。単に小さいだけではなく、運搬可能な、究極のモバイルハウスを作ってこそ、長明の思想に応えたことにならないか。八〇〇年後の方丈庵を作るプロジェクトは、そのようにスタートした。

長明の過激なモバイルハウスの壁は、筵であったという説がヒントをくれた。木のフレームは分解して台車に乗せられるが、さすがに土壁の方は、運搬できない。筵なら、くるくると丸めて、簡単に台車に乗せることもできるし、軽いので、手に抱えて運ぶこともできる。彼は木のフレームと筵を組み合わせて作った家に住んでいたからこそ、きっと簡単に運搬ができたのではないか。彼なりに線と面とを上手に組み合わせて、モバイルハウスを作っていたに違いない。現代版の筵の家は作れないだろうか。

筵の代わりに探し当てた材料は、ＥＴＦＥ（エチレン・四フッ化エチレン共重合体）という名の新しいタイプの膜材だった。もともとは温室の素材だったという出自がおもしろかった。ＥＴＦ

図33　ナマコ

Eは、温室のような、安価で手軽な建築を作るための、安っぽい素材だと思われていたが、軽くて、強くて、透明で、耐候性にもすぐれているので、近年、駅や空港、スタジアムなどの大型建築の屋根に使われるようになっている。従来の膜の欠点を克服したETFEは、ガラスの透明性を持つ、しなやかな膜であった。

残された課題は、どのような構造体で、この膜を支えるかである。木でフレームを組んで、それをETFEでくるむのならば簡単だが、それだと、長明の時代とあまり変わらない。木のフレームも、結構なごつさになってしまうので、ロジエ流のフレーム主義から脱したとはいえない。八〇〇年もたっているのだから、現代の方丈庵にふさわしい、フレームのない構造システムを用いて、ゼンパー流の織物のような小屋を作る実験が始まった。

その時ひらめいたのが、海に棲むナマコの身体を支える構造システムである(図33)。ナマコはご存じのようにグニャグニャの生き物であるが、「グニャグニャなのに骨のあるヤツ」と呼ばれることもある。なぜならば、ナマコは脊椎動物のような骨格を持たない代わりに、皮膚の中に、顕微鏡でしか見えないような、無数の骨片を隠し持っているからである。皮膚の張力と骨片の圧縮力をうまく利用する、テンセグリティの達人が、ナマコだったわけである。「グニャグニャなのに骨のあるヤツ」の脱力感たっぷりの構造システムは、ロジエ主義的な古くさい骨格を笑い飛ばしているようで、きわめて未来的なものに感じられた。

僕らは、頼りないほどに小さくて細い(二〇ミリ×三〇ミリ)木材を骨とすることにした。三

図34　木片を貼り付けたETFE
図35　筵のように簡単に持ち運ぶこともできる

枚の透明なＥＴＦＥに、それぞれ別パターンで、木片＝骨片を貼り付けるところがミソである（図34）。別パターンの骨を持つ三枚を重ねあわせることで、フニャフニャであった面が、突如として壁のように堅く、しっかりしたものに変身にする。これもまた一種のテンセグリティ構造である。木片という硬い線同士がつながることで、膜の張力が有効に働きはじめ、細胞がテンセグリティで形を保っていたように、膜の形が保たれるのである。小さな木片を貼りつけているだけだから、一枚一枚の膜はクルクルと、筵のように丸めることができ、脇に抱えて、簡単に持ち運べる（図35）。長明も、そんな風に筵を抱えて、荒れた都市をフラフラとさまよっていたのかもしれない。

その三枚の膜を重ねるのに、金属ボルトでも接着剤でもなく、強力磁石を使ったところが、もうひとつの発明である。ボルトやのりを使うと、組み立て、解体に時間がかかる。磁石だったら、一瞬で、組み立ても解体も可能である。磁石のついている面と面とを重ねあわせることで、霧や霞のように突然出現し、突然消え失せるモバイルハウス、八〇〇年後の方丈庵（二〇一二年）ができあがった（図36）。

この強力磁石は、「点」の章で紹介したイタリア、フィレンツェの山の中のピエトラ・セレナの山も持つ石屋、サルヴァトーレから教わった。彼は強力磁石を使って、石を壁に取り付けるために実験を重ねていた。従来、石はモルタルかボルトを使って、コンクリートの壁に取り付けら

図36　800年後の方丈庵，2012年．カゲロウのようにはかない建築．点・線・面が響きあう

れてきた。しかし、これだと石を簡単にはがすことができず、一度貼ったら取返しがつかない。磁石を使えば、取り付けも、解体も簡単で、石を傷つけることもない。引っ越す時も、石だけ外して、新しい家にまた同じ石を使うことができるというのが、サルヴァトーレのアイデアだった。確かに移動する内装という考えはおもしろくて、方丈庵的ではある。しかし、石だけ運べても、家自身が軽々と手に抱えられないと、現代の方丈庵とは呼べない。点(磁石)・線(木片)・面(ETFE)が連動してはじめて方丈庵となる。

下鴨神社の境内に出現した現代の方丈庵は、あまりに透明で軽やかで、うっかりすると通り過ぎてしまうほどの淡い存在感であった。細い木片が、パラパラと下鴨神社の森の中に漂っているようだった。あのひねくれ者の長明も、このさりげなさなら、森の木陰から、きっと喜んで僕らを見ていてくれるのではないか。

下鴨神社に出現したカゲロウのようにはかない建築は、ETFEを用いた面の建築であると同時に、強力磁石を用いた点の建築であり、木片を骨とする線の建築でもあった。点・線・面が響きあい、相互に埋め込みあいながら、人間のまわりを浮遊し、身体を守ってくれる。

『方丈記』から八〇〇年たって、時代は再びかなり厳しいことになっているけれど、だからこそ僕らはもう一度、現代の筵を抱え、しなやかでやさしい面を抱えて、この荒れた世界を、歩きはじめなければいけない。

主要参考文献

本書に登場した主な文献について書誌を記す.
ここで取り上げた書籍・論文は本文の初出箇所に＊を付した.
また, 現在入手しやすいと思われる版を優先的に記した.

石川九楊『筆蝕の構造 書字論』(石川九楊著作集 VII) ミネルヴァ書房, 2017 年.

インゴルド, ティム『ラインズ――線の文化史』工藤晋訳, 左右社, 2014 年／Ingold T., *Lines: a brief history*, London: Routledge, 2007.

ヴェルフリン『ルネサンスとバロック――イタリアにおけるバロック様式の成立と本質に関する研究』上松佑二訳, 中央公論美術出版, 1993 年／Wölfflin H., *Renaissance und Barock: eine Untersuchung über Wesen und Entstehung des Barockstils in Italien*, München: T. Ackermann, 1888.

ウダール, ソフィー＆港千尋『小さなリズム――人類学者による「隈研吾」論』加藤耕一監訳, 桑田光平, 松田達, 柳井良文訳, 鹿島出版会, 2016 年／Houdart S. et Minato C., *Kuma Kengo: Une monographie décalée*, Paris: Éditions donner lieu, 2009.

大栗博司『重力とは何か――アインシュタインから超弦理論へ, 宇宙の謎に迫る』幻冬舎新書, 2012 年.

カルポ, マリオ『アルファベットそしてアルゴリズム 表記法による建築――ルネサンスからデジタル革命へ』美濃部幸郎訳, 鹿島出版会, 2014 年／Carpo M., *The alphabet and the algorithm*, Cambridge, MA: The MIT Press, 2011.

カンディンスキー『点・線・面――抽象芸術の基礎』西田秀穂訳, 美術出版社, 1959 年／『点と線から面へ』宮島久雄訳, ちくま学芸文庫, 2017 年／Kandinsky W., *Punkt und Linie zu Fläche: Beitrag zur Analyse der malerischen Elemente*, München: Verlag Albert Langen, 1926.

ギーディオン, ジークフリート『新版 空間・時間・建築』(復刻版) 太田實訳, 丸善, 2009 年／Giedion S., *Space, time and architecture: the growth of a new tradition*, Cambridge, MA: Harvard University Press, 1967.

ギブソン, ジェームズ『視覚ワールドの知覚』東山篤規, 竹澤智美, 村上嵩至訳, 新曜社, 2011 年／Gibson J. J., *The perception of the visual world*, Cambridge, MA: The Riverside Press, 1950.

ギブソン, ジェームズ『生態学的知覚システム――感性をとらえなおす』佐々木正人, 古山宣洋, 三嶋博之監訳, 東京大学出版会, 2011 年／Gibson J. J., *The senses considered as perceptual systems*, Boston: Houghton Mifflin, 1966.

Koolhaas R., *S, M, L, XL*, New York: The Monacelli Press, 1995.

コールハース, レム『S, M, L, XL＋――現代都市をめぐるエッセイ』(日本版オリジナル編集) 太田佳代子, 渡辺佐智江訳, ちくま学芸文庫, 2015 年.

コールハース, レム『錯乱のニューヨーク』鈴木圭介訳, ちくま学芸文庫, 1999 年／Koolhaas R., *Delirious New York: a retroactive manifesto for Manhattan*, New York: Oxford University Press, 1978.

ドゥルーズ, ジル『襞――ライプニッツとバロック』(新装版) 宇野邦一訳, 河出書房新社, 2015 年／Deleuze G., *Le Pli: Leibniz et le baroque*, Paris: Les Éditions de Minuit, 1988.

ドゥルーズ＆ガタリ『アンチ・オイディプス――資本主義と分裂症』(上・下) 宇野邦一

訳，河出文庫，2006 年／Deleuze G. et Guattari F., *L'anti-Œdipe*, Paris: Les Éditions de Minuit, 1972.

バンハム，レイナー『第一機械時代の理論とデザイン』石原達二，増成隆士訳，原広司校閲，鹿島出版会，1976 年／Banham R., *Theory and design in the first machine age*, London: The Architectural Press, 1960.

ライト『ライトの遺言』谷川正己，谷川睦子訳，彰国社，1966 年／Wright F. L., *A Testament*, NewYork: Horizon Press, 1957

ライト『自伝――ある芸術の形成』樋口清訳，中央公論美術出版，1988 年／Wright F. L., *An autobiography*, NewYork: Duell, Sloan and Pearce, 1943.

ラトゥール，ブルーノ&ヤネヴァ，アルベナ「銃を与えたまえ，すべての建物を動かしてみせよう――アクターネットワーク論から眺める建築」吉田真理子訳，LIXIL 出版公式サイト（http://10plus1.jp/monthly/2016/12/issue-04.php）（2020 年 1 月 20 日閲覧），2016 年／Latour B. and Yaneva A., "Give me a gun and I will make all buildings move: an ANT's view of architecture," in Geiser R. eds., *Explorations in architecture: teaching, design, research*, Basel: Birkhäuser, 2008.

リン，グレッグ「点描画法」『SD――space design』398 号，鹿島出版会，1997 年 11 月.

ル・コルビュジエ『建築をめざして』吉阪隆正訳，鹿島研究所出版会，1968 年／Le Corbusier, *Vers une architecture*, Paris: Les Éditions G. Crès et Cie, Collection de "l'Esprit nouveau," 1923.

ル・コルビュジエ『伽藍が白かったとき』生田勉，樋口清訳，岩波文庫，2007 年／Le Corbusier, *Quand les cathédrales étaient blanches*, Paris: Librairie Plon, 1937.

図版出典一覧

隈研吾建築都市設計事務所提供の写真には，★を付した．

【方法序説】

図1　ミース・ファン・デル・ローエ「フリードリッヒ通りの摩天楼案」 クレア・ジマーマン『ミース・ファン・デル・ローエ』TASCHEN，2007年

図2　ヴィラ・マルコンテンタ　コーリン・ロウ『コーリン・ロウ建築論選集　マニエリスムと近代建築』伊東豊雄，松永安光訳，彰国社，1981年

図3　カンディンスキー「コンポジション VIII」 ハンス・K・レーテル他編『カンディンスキー 全油彩総目録 1916-1944　2』西田秀穂，有川治男訳，岩波書店，1989年

図4　グレッグ・リンのカーディフ・ベイ・オペラ・ハウス，コンペ案 *GREG LYNN FORM*, edited by G. Lynn and M. Rappolt, New York: Rizzoli International Publications, 2008

図5　1938年に作られたファントム・コルセア 『CAR GRAPHIC』1973年12月号

図6　マレーが1882年頃に写真銃で捉えた飛翔するペリカン

図7　サヴォア邸　隈研吾『小さな建築』岩波新書，2013年

図8　サヴォア邸の中心を貫通するスロープ　二川幸夫編『ル・コルビュジエ　サヴォア邸　フランス，ポワッシー　1928-31 世界現代住宅全集 05』A. D. A. EDITA Tokyo，2009年

図9　デュシャン「階段を降りる裸体，No. 2」 松浦寿輝『表象と倒錯――エティエンヌ＝ジュール・マレー』筑摩書房，2001年

図10　チャンディガールの州議事堂　C. Jencks, *Le Corbusier and the tragic view of architecture*, Cambridge, MA: Harvard University Press, 1973

図11　杭州の霊隠寺山門　カンディンスキー『点・線・面――抽象芸術の基礎』西田秀穂訳，美術出版社，1959年

図12　上海の竜華塔　同上

図13　ネクサスワールドのレム・コールハース棟　撮影：萩原詩子

【点】

扉　中国美術学院民芸博物館★　撮影：Eiichi Kano

図1　山西省の仏光寺大殿　日本建築学会編『東洋建築史図集』彰国社，1995年

図2　パルテノン神殿　日本建築学会編『西洋建築史図集(三訂版)』彰国社，1981年

図3　ロジエ「原初の小屋」「建築史」編集委員会編著『建築史　日本・西洋――コンパクト版』彰国社，2009年

図4　ドリス式の柱　前掲『西洋建築史図集』

図5　コリント式の柱に見られるアーカンサスの葉　同上

図6　ピラスター　123RF. COM

図7　バルセロナ・パヴィリオン　前掲『ミース・ファン・デル・ローエ』

図8　線が作り出すリズム　『GA』75，1995年3月

図9　シーグラム・ビル　同上

図10　シーグラム・ビルの石に付け柱を足したディテール　AP Art History(https://sites.google.com/site/aparthistoryhenryclayschool/art-history-250-1/146/　2020年1月20日閲覧)

図11　石と石との間の目地　二川幸夫企画・撮影，クリスチャン・ノルベルグ＝シュルツ文『現代建築の根』加藤邦男訳，A. D. A. EDITA Tokyo，1988 年
図12　粗い石の表面
図13　石の美術館★　撮影：Mitsumasa Fujitsuka
図14　石をルーバー(線)として扱う★　撮影：Mitsumasa Fujitsuka
図15　石を抜きとったポーラスな組積造★　撮影：Mitsumasa Fujitsuka
図16　ファンズワース邸　前掲『ミース・ファン・デル・ローエ』
図17　ラーメン構造
図18　空調をとりやめたディテール★　撮影：Mitsumasa Fujitsuka
図19　薄くスライスしたビアンコ・カラーラを嵌め込む★　撮影：Mitsumasa Fujitsuka
図20　館内に，石を透過した光が溢れる★　撮影：Mitsumasa Fujitsuka
図21　窓ガラスに残る，レンズのような円形の突起　©Böhringer Friedrich　https://en.wikipedia.org/wiki/Crown_glass_(window)/(2020 年 1 月 20 日閲覧)
図22　捨子保育園　福田晴虔『イタリア・ルネサンス建築史ノート〈1〉　ブルネッレスキ』中央公論美術出版，2011 年
図23　ラウレンツィアーナ図書館ホール　クリストフ・ルイトポルト・フロンメル『イタリア・ルネサンスの建築』稲川直樹訳，鹿島出版会，2011 年
図24　クリスタル・パレス　前掲『建築史　日本・西洋』
図25　サンタ・マリア・デル・フィオーレ大聖堂　前掲『イタリア・ルネサンスの建築』
図26　リブ(フレーム)付きの二重ドーム　前掲『ブルネッレスキ』
図27　ジャイアント・オーダー　https://www.crystalinks.com/romebaths.html (2020 年 1 月 20 日閲覧)
図28　二重に重ねられたリブ付きのドーム　鈴木博之編『図説年表／西洋建築の様式』彰国社，1998 年
図29　仮設足場　三谷組公式サイト(http://mitani-gumi.com/blog/15237) (2020 年 1 月 20 日閲覧)
図30　レンガをずらしながら線にしていく　http://florencedome.com/1/post/2011/06/the-centering-problems.html(2020 年 1 月 20 日閲覧)
図31　サンタ・マリア・デル・フィオーレ大聖堂のヘリンボーン　ジョヴァンニ・ファネッリ『イタリア・ルネサンスの巨匠たち 7　ブルネレスキ』児嶋由枝訳，東京書籍，1994 年
図32　ドームに挿入されたヘリンボーン　“Discovered: Scale Model of Florence Cathedral Dome,” *Peregrinations: Journal of Medieval Art and Architecture* 4, 1(2013)
図33　ポリタンクのバリケード★
図34　ウォーター・ブロック★
図35　印籠継ぎ　前掲『小さな建築』
図36　西欧のレンガ造り建築　https://bvslight.msbexpress.net/ins/help/Suite/fields/Masonry.htm(2020 年 1 月 20 日閲覧)
図37　トビケラの巣　小檜山賢二『小檜山賢二写真集　TOBIKERA』クレヴィス，2019 年
図38　色々なトビケラの巣　西村登『ヒゲナガカワトビケラ』文一総合出版，1987 年
図39　ウォーター・ブランチの，ニューヨーク近代美術館に出品したユニット★
図40　ウォーター・ブランチ・ハウス★

図41　ウォーター・ブランチの中を水が流れる様子★
図42　ウォーター・ブランチ・ハウスの内部★
図43　中銀カプセルタワービル　前掲『小さな建築』
図44　トランプの城，カード・キャッスル　123RF. COM
図45　トラス構造
図46　カード・キャッスル★
図47　薄くスライスしたピエトラ・セレナ★
図48　ノートルダム・デュ・ポール大聖堂
図49　本瓦　玉置豊次郎監修，坪井利弘著『日本の瓦屋根』理工学社，1976 年
図50　桟瓦　同上
図51　中国美術学院民芸博物館★　撮影：Eiichi Kano
図52　新津　知・芸術館★　撮影：Daici Ano
図53　瓦が点として感じられるような知・芸術館のディテール★　撮影：Daici Ano
図54　瓦を寝かせた民芸博物館のディテール★　撮影：Eiichi Kano
図55　フラー・ドーム　ジェイ・ボールドウィン『バックミンスター・フラーの世界——21 世紀エコロジー・デザインへの先駆』梶川泰司訳，美術出版社，2001 年
図56　イエール大学アート・ギャラリー　『a+u』1983 年 11 月臨時増刊号
図57　バングラディシュ国会議事堂　同上
図58　フレーベルの遊具　N. Brosterman, *Inventing kindergarten*, New York: H. N. Abrams, 1997
図59　TSUMIKI★
図60　ロータス・ハウス★　撮影：Daici Ano
図61　ロータス・ハウスのトラヴァーチン製のスクリーン★　撮影：Daici Ano
図62　アオーレ長岡★　撮影：Erieta Attali
図63　断面的にもジグザグの壁★　撮影：Mitsumasa Fujitsuka
図64　「長岡城之面影」「十二月　歳暮御祝儀諸士一列にて拝謁の図」　所蔵：槇神明宮
図65　ブルキナ・ファソ，ボグーの集落，コンパウンド住居の様子　所蔵：東京大学，原広司研究室(当時)
図66　ブルキナ・ファソ，ボグーの集落，俯瞰図　所蔵：東京大学，原広司研究室(当時)

【線】

扉　風通る白樺と苔の森チャペル★　撮影：device Sekiya
図 1　ロンシャンの礼拝堂　W. Boesiger, *Le Corbusier œuvre complète Vol. 6 1952–57*, Zurich: Éditions d'architecture, 1957
図 2　桂離宮　日本建築学会編『日本建築史図集(新訂第 2 版)』彰国社，2007 年
図 3　タウト，桂離宮のスケッチ　ブルーノ・タウト，篠田英雄編訳『画帖　桂離宮』岩波書店，1981 年
図 4　日向邸　マンフレッド・シュパイデル，セゾン美術館編著『ブルーノ・タウト 1880-1938』トレヴィル，1994 年
図 5　細い丸竹を並べて作られた壁と，照明器具　同上
図 6　ル・コルビュジエ「300 万人の現代都市」 W. Boesiger et O. Stonorov, *Le Corbusier œuvre complète Vol. 1 1910–29*, Zurich: Éditions d'architecture, 1937
図 7　ル・コルビュジエ「ヴォアザン計画」 同上
図 8　香川県庁舎　香川県庁舎 50 周年記念プロジェクトチーム『香川県庁舎 1958』

ROOTS BOOKS，2014 年
図 9　日本の伝統木造の断面　四宮照義，鎌田好康，林茂樹，森兼三郎，松田稔「石井町の民家」『阿波学会研究紀要　郷土研究発表会紀要』第 32 号
図10　カルテジアン・グリッド
図11　桟瓦屋根　藤井恵介監修『日本の家 1　近畿』講談社，2004 年
図12　国立代々木競技場(国立屋内総合競技場)　日本建築学会編『新訂　近代建築史図集』彰国社，1976 年
図13　群馬県立近代美術館　『新建築』1975 年 1 月号
図14　クロード＝ニコラ・ルドゥー「パナレテオン」　エミール・カウフマン『三人の革命的建築家　ブレ，ルドゥー，ルクー』白井秀和訳，中央公論美術出版，1994 年
図15　愛媛県総合科学博物館　『新建築』1995 年 1 月号
図16　サハラ砂漠調査旅行　所蔵：東京大学，原広司研究室(当時)
図17　グエル公園　Le Corbusier, *GAUDÍ*, Barcelona: Ediciones Polígrafa, S. A., 1967
図18　グエル公園の透明感のあるスクリーン　同上
図19　ガルダイヤの集落の様子　所蔵：東京大学，原広司研究室(当時)
図20　スーラ「オック岬，グランカン」
図21　岸記念体育会館　生誕 100 年・前川國男建築展実行委員会監修『建築家前川國男の仕事』美術出版社，2006 年
図22　丹下自邸　丹下健三，藤森照信『丹下健三』新建築社，2002 年
図23　原爆堂計画　白井晟一『無窓』晶文社，2010 年
図24　お祭り広場　『建築業協会賞 50 年――受賞作品を通して見る建築 1960-2009』新建築社，2009 年
図25　北村邸　栗田勇監修『現代日本建築家全集 3　吉田五十八』三一書房，1974 年
図26　千代田生命本社ビルの茶室　撮影：伊原洋光(hm+architects)
図27　帝国ホテルの茶室，東光庵　『村野藤吾　TOGO MURANO 1964→1974』年，新建築社，1984 年
図28　和小屋の骨組み　内田祥哉『ディテールで語る建築』彰国社，2018 年
図29　北村邸の間仕切り　撮影：岩崎泰(岩崎建築研究室)
図30　新喜楽　吉田五十八作品集編集委員会編『吉田五十八作品集』吉田初枝，新建築社，1976 年
図31　面おさえと芯おさえ　内藤昌「書院造遺構における柱間寸尺の基準単位について――間の建築的研究(18)」日本建築学会論文報告集第 63 号，1959 年 10 月
図32　伝統木造の骨組み　藤井恵介監修『日本の家 2　中部』講談社，2004 年
図33　床の一部に置かれるようになった畳　宮本隆司撮影『日本名建築写真選集　第 12 巻　大徳寺』新潮社，1992 年
図34　ツイン・コラム　123RF. COM
図35　束ね柱　撮影：Tomohisa Kawase
図36　ブルネレスキの断片化　前掲『ブルネッレスキ』
図37　那珂川町馬頭広重美術館★　撮影：Mitsumasa Fujitsuka
図38　歌川広重「大はしあたけの夕立」
図39　ゴッホ「ジャポネズリー　雨の橋」
図40　ターナー「戦艦テメレール号」
図41　コンスタブル「乾草車」
図42　広重美術館の杉の製材★　撮影：Mitsumasa Fujitsuka
図43　和紙でくるんだ杉の製材★　撮影：Mitsumasa Fujitsuka

図44　歌川広重「庄野」
図45　杉の細い桟に和紙を貼り付けた太鼓張りの障子★　撮影：Mitsumasa Fujitsuka
図46　V&A・ダンディ★　撮影：Ross Fraser McLean
図47　オークニーの崖★
図48　陰影に富んだ崖の肌理を作り出す★　撮影：Ross Fraser McLean
図49　サニーヒルズ南青山店★　撮影：Daici Ano
図50　崖の洞窟を思わせる大きな孔★　撮影：Ross Fraser McLean
図51　風通る白樺と苔の森チャペル★　撮影：device Sekiya
図52　カーボン・ファイバー★　撮影：Takumi Ota
図53　小松マテーレ，ファブリック・ラボラトリー(fa-bo)★
図54　富岡倉庫のカーボン・ファイバー補強★
図55　富岡倉庫の空中を走るカーボン・ファイバー★

【面】
扉　800年後の方丈庵★
図1　シュレーダー邸　前掲『建築史　日本・西洋』
図2　レッド&ブルー・チェア　ダニエーレ・バローニ『リートフェルトの家具』石上申八郎訳，A. D. A. EDITA Tokyo，1979年
図3　ジグザグ・チェア　同上
図4　クレルクの椅子　撮影：著者
図5　茅葺の住家　堀口捨己『建築論叢』鹿島出版会，1978年
図6　紫烟荘　前掲『近代建築史図集』
図7　バルセロナ・パヴィリオン，十字型断面の柱　撮影：著者
図8　バルセロナ・パヴィリオン，レンガのディテール　前掲『GA』75
図9　原研究室，サハラ砂漠調査旅行　所蔵：東京大学，原広司研究室(当時)
図10　フランクフルト美術工芸博物館の図録　A. Machowiak, D. Mizielinski und D. Stroinska, *Treppe, Fenster, Klo: Die ungewöhnlichsten Häuser der Welt*, Frankfurt: Moritz Verlag-GmbH, 2010
図11　二重膜の断面図　前掲『小さな建築』
図12　フランクフルトの布の茶室★　撮影：Antje Quiram
図13　茶室，内観★　撮影：Antje Quiram
図14　茶室，内観★　撮影：Antje Quiram
図15　タリアセン　フランク・ロイド・ライト『フランク・ロイド・ライト――建築家への手紙』丸善，1986年
図16　タリアセン・ウェスト，ガーデン・ルームをのぞむ　撮影：著者
図17　タリアセン・ウェスト，室内の様子　撮影：著者
図18　チセ　Patthanapong Watthananonkit／123RF.COM
図19　メム・メドウズ★
図20　メム・メドウズ，イロリのある内観★
図21　フラーによるドームのスタディ　前掲『小さな建築』
図22　学生と建設したフラー・ドーム　前掲『バックミンスター・フラーの世界』
図23　モントリオール万博のアメリカ館　前掲『近代建築史図集』
図24　傘のドーム構造★
図25　三角形の布が足された傘★
図26　傘のドームについた窓★　撮影：Yoshie Nishikawa

図27　フランスのフラーによるテンセグリティの解説図　前掲『小さな建築』
図28　フランスのテクナル社とコラボして作ったテンセグリティ★
図29　ダイマキシオン・ハウス　前掲『近代建築史図集』
図30　外側の膜と内側の膜を結ぶ糸★
図31　傘と傘をジッパーでつなぎ，真っ白のドームが建ち上がるまで★
図32　傘のドームでの宴会★
図33　ナマコ　123RF. COM
図34　木片を貼り付けたETFE★
図35　筵のように簡単に持ち運ぶこともできる★
図36　800年後の方丈庵★

隈 研吾
1954(昭和29)年，神奈川県生まれ．東京大学大学院工学系研究科建築学専攻修了．

コロンビア大学建築・都市計画学科客員研究員をつとめた後，90年，隈研吾建築都市設計事務所を設立．現在，東京大学特別教授，名誉教授．

初期の主な作品に，亀老山展望台(1994年)，水／ガラス(1995年，全米建築家協会ベネディクタス賞受賞)，那珂川町馬頭広重美術館(2000年，村野藤吾賞受賞)などがある他，近年注目を集める作品として，中国美術学院民芸博物館(2015年)，V&A・ダンディ(2018年)，国立競技場(2019年)などがある．

著書に『負ける建築』『自然な建築』『小さな建築』『対談集 つなぐ建築』(岩波書店)の他，『場所原論』(市ヶ谷出版社，全2冊)，『建築家，走る』(新潮文庫)，『隈研吾作品集 2006-2012』『隈研吾作品集 2013-2020』(A. D. A. EDITA Tokyo)，『ひとの住処 1964-2020』(新潮新書)，『東京 TOKYO』(KADOKAWA)，『建築家になりたい君へ』(河出書房新社)，『くまの根——隈研吾・東大最終講義 10の対話』(東京大学出版会)など多数．海外での翻訳出版も続いている．

点・線・面

2020年2月7日　第1刷発行
2022年3月15日　第5刷発行

著　者　隈（くま） 研（けん） 吾（ご）

発行者　坂本政謙

発行所　株式会社 岩波書店
〒101-8002 東京都千代田区一ツ橋 2-5-5
電話案内 03-5210-4000
https://www.iwanami.co.jp/

印刷・三陽社　カバー・半七印刷　製本・牧製本

ISBN 978-4-00-024060-4　Printed in Japan